中国社会科学院创新工程学术出版资助项目

U0593342

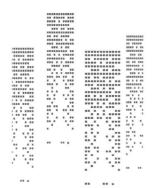

面向共同富裕的
地区购买力差异研究

Research on the Disparity of Regional Purchasing Power
for Common Prosperity

闫 梅 著

经济管理出版社
ECONOMY & MANAGEMENT PUBLISHING HOUSE

图书在版编目（CIP）数据

面向共同富裕的地区购买力差异研究/闫梅著．—北京：经济管理出版社，2022.10
ISBN 978-7-5096-8428-3

Ⅰ．①面…　Ⅱ．①闫…　Ⅲ．①购买力—区域差异—研究—中国　Ⅳ．①F723.3

中国版本图书馆 CIP 数据核字（2022）第 089867 号

组稿编辑：梁植睿
责任编辑：梁植睿
责任印制：黄章平
责任校对：蔡晓臻

出版发行：经济管理出版社
　　　　　（北京市海淀区北蜂窝 8 号中雅大厦 A 座 11 层　100038）
网　　址：www. E-mp. com. cn
电　　话：（010）51915602
印　　刷：唐山玺诚印务有限公司
经　　销：新华书店
开　　本：720mm×1000mm/16
印　　张：13.75
字　　数：208 千字
版　　次：2022 年 10 月第 1 版　　2022 年 10 月第 1 次印刷
书　　号：ISBN 978-7-5096-8428-3
定　　价：68.00 元

前　言

在进入面向实现全体人民共同富裕的新时代背景下，大力推动高质量发展、普遍提高城乡居民收入水平、逐步缩小分配差距，是全面建成社会主义现代化强国、最终实现共同富裕的要求和目标。同时，进一步改善民生、缩小居民收入差距、促进人民生活水平的平衡增长，具有重要的现实意义。缩小地区收入差距是区域发展差距研究关注的重要内容。对于区域差距的研究，通常使用人均 GDP、人均收入等经济层面的名义指标进行测度，然而物价水平的地区差异导致不同地区收入的购买能力不同，名义收入差距并不能反映真实的地区收入和居民生活水平差距。科学测度和分析不同区域市场的购买力差异，不仅为建设全国统一大市场提供基础理论支撑，也为缩小实际收入差距、最终实现共同富裕提供政策参照。

针对当前名义收入不能反映居民生活水平的客观实际，本书借鉴购买力平价（Purchasing Power Parity，PPP）理论，通过构建购买力平价指数对地区购买力差异进行测度和分析，进一步探究了购买力差异对地区实际收入差距的影响，并提出了面向共同富裕的分类调控措施。在借鉴国内外区域发展差距、购买力研究相关成果的基础上，探讨了居民生活水平与收入水平、购买力水平之间的关系，提出了面向共同富裕的购买力差异研究框架；运用购买力平价的理论和方法，构建了适用于我国地区购买力平价的指标体系和计算方法；以 100 个典型城市居民消费品平均价格为基础数据，计算得到反映地区价格水平和居民收入购买能力的购买力平价指数，并分析地区购买力差异的分异特征；运用购买力平价指数消除地区物价差异导致的名义收入的偏差，将名义收入转换为实际收入，解析购买力差异对真实收入差距的影响，并在此基础上提出了提高居民购买力、缩小实际收入差距的对策和调控重点。

具体而言，本书的研究重点及主要研究结论如下：

（1）从理论上分析了物价水平差异对实际购买能力的影响，提出了面向共同富裕的购买力差异研究的基本框架。名义收入和物价水平两个方面的因素同时影响并决定着居民的实际购买能力和生活水平。在我国统一的货币制度下，不同地区之间物价水平差异普遍存在，人民币在我国不同地区所能购买到的商品或服务是不同的，因此，居民的名义收入与实际购买能力（即实际收入）存在偏差，名义收入不能反映居民的实际生活水平。物价水平差距越大，名义收入和实际生活水平的差距就越大。通过计量，剥离掉地区之间物价水平差异的影响，将名义收入转换为实际收入，才能够反映居民的实际购买能力和实际生活水平。

（2）构建了适用于我国地区之间购买力平价的指标体系和计算方法。引入购买力平价指数的概念，该指数是用来比较同一时期、不同地区之间综合价格水平的空间价格指数。选取了 8 大类、23 亚类、49 项可能存在地区价格差异的代表性商品或服务，构成购买力平价的商品"篮子"，并将居民消费支出结构进行修正和调整后作为各项指标的权重。以指标体系为基础，构建了以基准城市为比价对象的购买力平价指数测度模型方法和计算步骤。

（3）分析了城市之间各类商品或服务的价格差异程度。食品、住房等八大类商品或服务的价格水平差异及其对居民生活的影响程度均有所不同。住房价格的地区差异最大，教育、医疗次之，这些是居民生活质量的三大影响因素。食品和交通价格的地区差异相对较小，但其在居民消费中的比重很高，也是影响居民生活的不可忽视的因素。从"供给与需求"以及"居住价值"两个视角对房价的影响因素进行回归分析，表明居民收入水平、第三产业发展水平以及行政区位等级是房价空间分异的三大核心影响因素。

（4）通过购买力平价测算了 100 个典型城市的地区购买力平价指数。地区购买力平价指数的值越大,说明该地区相对物价水平越高、等额的居民收入所能购买到的商品或服务越少(即购买力越低)。100个城市的购买力平价指数介于[0.849-1.662],贡献度最大的是食品和居住两个大类。购买力平价指数在空间上呈现出"东高西低、南高北低"的分异趋势,我国东南沿海地区的城市物价水平较高且集中分布、中部黄河中游一带的城市物价水平相对较低且集中分布。对不同属性城市购买力差异特征的分析表明,城市的人口规模、经济发展水平均不能表征城市的购买力水平,而城市的类型、发挥的职能与购买力的关联特征显著,资源型城市物价水平整体较低,旅游依赖型城市物价水平相对较高。

(5)用购买力平价指数消除地区物价差异的影响,将各城市居民的名义收入转换为实际收入。结果表明,在综合考虑收入水平和物价水平两方面因素的影响条件下,地区间居民的实际收入差距明显小于用名义收入测度的差距。我国的长三角地区城市名义收入和实际收入都是高值集聚,是居民收入高、购买能力强、实际生活水平高的区域,而西南地区的部分城市则由于物价水平相对较高、名义收入水平相对不高,是居民实际购买能力弱、发展相对落后的区域。

(6)根据收入和物价水平的差异程度对城市进行综合分类,并提出了分类调控措施。根据城市名义收入与物价水平等级的一致性,将城市划分为9类,其中,42座城市收入水平与物价水平一致,30座城市收入水平高于物价水平,20座城市收入水平低于物价水平。从空间分布来看,东部地区居民收入与物价水平相对一致,西部地区居民收入与物价水平差距较大。从提高居民收入、缩小地区价格差异、保障基本公共服务等方面,提出了缩小实际收入差距、实现共同富裕的调控对策,其中"收入低—物价高"型的城市为重点调控对象。

本书在研究过程中得到国家社会科学基金青年项目"购买力视角下的区域收入差距与协调发展机制研究"(项目编号:20CGL062)和中国社会科学院登峰战略企业管理优势学科建设项目的支持,在此表示感谢!

目　录

第一章　导论 ··· 1

第一节　研究背景 ··· 3

第二节　研究目的与研究意义 ································· 6

第三节　研究思路与研究内容 ································· 7

第四节　研究方法与技术路线 ······························ 11

第二章　地区购买力差异的国内外研究进展 ··················· 15

第一节　相关概念及内涵 ······································ 17

一、购买力与购买力平价 ·································· 17

二、名义收入与实际收入 ·································· 18

三、区域发展差距 ··· 19

第二节　相关理论基础 ·· 20

一、购买力平价理论 ··· 20

二、区域发展差距理论 ····································· 21

三、物价波动相关理论 ····································· 24

第三节　地区购买力差异相关研究进展 ················· 28

一、购买力与购买力平价理论的应用研究 ········· 28

二、区域发展差距的研究进展和主要研究内容 ·············· 29

　　三、购买力在区域差距研究中的应用研究 ················· 37

第四节　研究进展评述及对本书的启示 ·················· 38

　　一、研究进展总体评述 ·························· 38

　　二、对本书的启示 ···························· 40

本章小结 ································· 41

第三章　地区购买力差异的理论分析与研究框架 ·············· 43

第一节　购买力差异与居民生活水平的理论分析 ············· 45

　　一、购买力与物价水平关系的理论分析 ················ 45

　　二、收入、物价与生活水平关系的理论分析 ·············· 46

　　三、从生产到居民生活的区域发展均衡模型 ·············· 47

第二节　我国地区购买力差异的初步判断 ················ 50

　　一、地区之间物价水平差异的初步判断 ················ 50

　　二、物价差异对不同省份实际收入的影响 ··············· 52

第三节　物价差异的影响因素分析 ··················· 53

　　一、价格的形成机制 ·························· 53

　　二、物价水平差异的影响因素 ····················· 54

第四节　地区购买力差异及其影响的分析框架 ·············· 55

　　一、研究框架 ····························· 55

　　二、研究流程 ····························· 56

本章小结 ································· 57

第四章　地区购买力差异的测度指标与模型方法 ·············· 59

第一节　指标选取的借鉴和依据 ···················· 61

　　一、统计中的商品或服务分类 ····················· 61

　　二、相关研究的经验借鉴 ······················· 66

三、指标选取的原则 ……………………………………………… 67

第二节 购买力差异测度指标的选取 ………………………… 68

一、商品或服务的代表性分析 …………………………………… 69

二、购买力差异测度指标体系 …………………………………… 71

第三节 购买力差异测度指标权重的确定 …………………… 72

一、消费价格指数（CPI）权重 ………………………………… 73

二、城镇居民消费支出结构 ……………………………………… 75

三、购买力平价指标体系的权重设置 …………………………… 77

第四节 购买力差异综合测度的模型方法 …………………… 80

一、购买力平价指数测度的模型方法——购买力平价 ………… 80

二、价格差异影响因素的定量分析方法 ………………………… 83

三、购买力差异程度与分布的测度方法 ………………………… 84

四、购买力空间分异格局特征的分析方法 ……………………… 85

本章小结 ……………………………………………………… 87

第五章 地区商品价格的差异程度与影响因素 …………… 89

第一节 购买力差异研究的数据来源与处理 ………………… 91

一、商品或服务的价格数据 ……………………………………… 91

二、商品或服务的权重数据 ……………………………………… 93

三、其他相关数据 ………………………………………………… 95

第二节 商品或服务价格的差异程度与空间分异 …………… 95

一、单项指标的总体差异程度比较 ……………………………… 95

二、食品价格的差异程度与空间分异 …………………………… 96

三、居住价格的差异程度与空间分异 …………………………… 99

四、交通价格的差异程度与空间分异 ………………………… 104

五、教育与医疗收费的差异程度与空间分异 ………………… 105

第三节 商品价格差异的影响因素——以房价为例 ……… 110

面向共同富裕的地区购买力差异研究

　　一、房价的影响因素判定 ………………………………………… 111

　　二、对房价空间分异影响因素的解释 …………………………… 114

　本章小结 ………………………………………………………………… 116

第六章　地区购买力差异的特征与空间分异 …………………… 117

　第一节　地区购买力差异的基本特征 …………………………… 119

　　一、购买力平价指数的总体情况 ……………………………… 119

　　二、购买力平价指数与单项比价的关系 ……………………… 122

　　三、单项指标对购买力的贡献度 ……………………………… 124

　第二节　地区价格指数空间分异的综合测度 …………………… 128

　　一、购买力平价指数的空间分异特征 ………………………… 128

　　二、购买力平价指数的空间关联程度与格局 ………………… 130

　第三节　不同类别城市购买力差异及特征 ……………………… 134

　　一、城市规模与购买力的关联特征 …………………………… 134

　　二、城市经济发展水平与购买力的关联特征 ………………… 137

　　三、城市类型与购买力的关联特征 …………………………… 139

　本章小结 ………………………………………………………………… 143

第七章　地区购买力差异对实际收入差距的影响 ……………… 145

　第一节　名义收入与实际收入的差异 …………………………… 147

　　一、名义收入转换为实际收入 ………………………………… 147

　　二、实际收入与名义收入的差异 ……………………………… 147

　第二节　实际收入测度的真实发展差距 ………………………… 151

　　一、实际收入的差异程度 ……………………………………… 151

　　二、实际收入的空间集聚格局 ………………………………… 154

　第三节　城市"收入-物价"水平类型划分 ……………………… 157

　　一、城市"收入-物价"类型的划分方法 …………………… 157

　　二、城市"收入－物价"类型的划分结果 ················· 159

　　三、城市"收入－物价"类型的空间分布 ················· 160

　第四节　地区购买力差异的应对措施和分类调控 ··········· 162

　　一、地区购买力差异的总体应对措施 ··················· 162

　　二、地区购买力差异的分类调控措施 ··················· 165

　本章小结 ··· 167

第八章　主要结论与研究展望 ······································· 169

　第一节　主要研究结论 ··· 171

　第二节　研究的不足与展望 ·· 174

　第三节　讨论与政策启示 ··· 176

参考文献 ·· 179

附　录 ·· 200

第一章

导论

第一节　研究背景

1. 面向共同富裕的新时代，改善民生成为中国社会建设的重点

新时代，中国经济从高速增长转向高质量发展阶段，我国社会主要矛盾已经转化为"人民日益增长的美好生活需要和不平衡不充分的发展之间的矛盾"。地区之间的不平衡是发展的不平衡的重要体现（孙志燕、侯永志，2019），国内外经验表明，区域发展的不均衡会产生严重的社会问题，降低高增长所产生的福利，并进一步阻碍未来经济的健康成长（Gardiner et al.，2011）。2018 年底，中国人均 GDP 达到 64520 万元（将近 1 万美元），世界各国发展历程和区域发展差距的倒"U"字形曲线表明，中国将步入区域差距持续扩大转向缩小的拐点区段（樊杰等，2019）。在这个阶段，如何防止收入差距扩大成为至关重要的政策挑战（蔡昉，2020），区域发展战略和政策安排必然要转向更加重视协调发展，亟须重新审视区域发展与平衡的关系，建立更加有效的区域协调发展新机制。

新时代是逐步实现全体人民共同富裕的时代，我们走上了创造幸福安康的美好生活、实现全体人民共同富裕的新征程，保障和改善民生成为新发展阶段加强社会建设的重点。人民生活水平的提高是实现共同富裕的重要方面，提高人民的物质文化生活水平，是改革开放和社会主义现代化建设的根本目的。党的一系列政策文件也都将提高居民收入和提升社会公平作为民生建设的重点。国内外研究经验也表明，区域收入的不均衡会产生严重的社会问题，相应地降低高增长所产生的福利，并进一步阻碍未来经济的健康成长（Gardiner et al.，2011）。因此，人民生活水平的平衡增长是中国经济均衡、协调和可持续发展的重要目标之一，居民生活水平的差距成为区域发展差距研究关注的内容，也是目前社会各界普遍关注的问题。

2. 我国不同地区价格差异明显，存在同物不同价、"1 元≠1 元"的现象

我国实行统一的货币制度，根据"一价定律"（the law of one price），理论上物价水平在全国各地应该是一致的。然而，由于我国幅员辽阔，各地区资源禀赋、区位条件、经济发展基础等差异的存在，不同地区的物价水平的差距也十分明显，存在同物却不同价的"巨无霸"指数现象。特别是一些不便于在不同地区之间流动或贸易的商品或服务，如住房、医疗、教育、餐饮服务等，在我国不同地区之间的价格差异很大，有的能够达到数倍以上。如图 1-1 所示，全国房价最高的 30 个城市（地区），深圳均价超过 7 万元、广州均价约 4.5 万元、武汉均价约 2 万元，即使是在经济相对发达、市场经济发展相对比较充分的大城市之间，住房价格差异也非常明显。同样的 1 万元在不同城市所能买到的商品或服务不同，这种"1 元≠1 元"的现象导致名义收入并不真正反映该地区货币的实际购买力。

（万元/平方米）

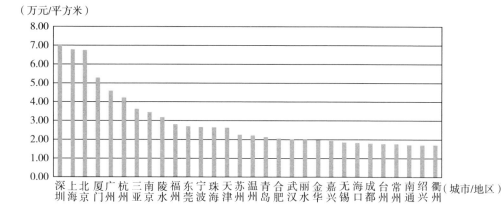

图 1-1　2022 年 4 月全国城市（地区）住宅房价排行前 30 位

资料来源：城市房网，http://www.cityhouse.cn/default/forsalerank.html。

3. 收入水平与物价水平增长不同步，存在双重地域性差异

改革开放以来，中国经济保持了长期的快速增长势头，但是由于各地区在经济发展基础、资源条件、地理区位以及国家发展战略等方面存在很大的差别，区

域发展不均衡日益成为中国经济增长背后的一大隐忧。不平衡不仅表现在 GDP 等产值方面，也表现在居民的收入水平、物价水平等各个方面。在居民收入不断提高、生活水平有所改善的同时，地区间居民的收入差距却进一步扩大。同时，物价水平与收入水平的增长并不同步，经济发展越好、居民收入水平越高的地区，物价水平并不一定也越高。根据研究测算的 2016 年不同省份的城镇居民可支配收入和相对价格情况（闫梅、赵美风，2018），有的地区收入高，物价也高（如北京、上海、广东、浙江等省份）；有的地区收入水平相对低，物价水平也较低（如河北、山西、河南、江西等省份）；然而也存在一些地区收入水平低，物价水平却并不低（如西藏、云南等）的情况。影响居民生活水平的两大因素——居民名义收入和地区间价格水平，存在双重地域性差异现象。用名义收入的高低不能来反映居民的实际生活水平，物价水平差异导致的人民币在各地区的实际购买力差异客观存在。

4. 需要更加合理的真实收入指标，衡量区域发展差距

区域发展差距一直是学术研究的热点，古往今来，收入差距过大影响社会稳定和社会秩序的例证非常多。亚里士多德曾对此有过精辟的言论："所有这些内讧，都常常以'不平等'为发难的原因……，内讧总是由要求'平等'的愿望这一根苗生长起来的。"区域发展差距在传统上多被表达为区域"经济发展水平"的差距，通常使用的是总量 GDP 或者人均 GDP 等名义经济指标进行测度，而并没有考虑到各地区之间价格的差异。然而各地区物价水平的差异导致不同地区的货币购买力存在被高估或低估的现象，如果一个地区的货币长期处于被高估或低估的状态，在此基础上计算得来的基尼系数、变异系数等统计指标也无法反映真实的区域差距。名义收入无法用来正确衡量地区实际经济发展情况，因此需要考虑人民币在各地区的实际购买力，消除物价水平地区差异的影响，得到反映真实收入的指标，才能准确测度和衡量真实的区域发展差距。

第二节　研究目的与研究意义

1. 研究目的

新时代，人民生活水平的平衡增长是中国经济均衡、协调和可持续发展的重要目标之一。居民收入的实际购买能力决定着居民的生活水平，因为实际生活水平受到收入和物价水平的双重影响。然而我国不同地区的物价水平差异很大，特别是一些不便于在不同地区之间流动或贸易的商品或服务，如住房、教育、医疗等，在不同城市的价格差异更明显（江小涓、李辉，2005）。物价水平的地区差异会带来相同的收入在我国的不同地区的购买力不同，即其所能购买到的商品或服务不同，名义收入与实际收入存在一定的偏差，需要更加合理的真实收入指标衡量区域差距。因此，围绕新时代促进区域协调发展和推进民生公平的重大战略需求和我国不同地区收入水平和物价水平存在双重地域差异的突出问题，从购买力的视角研究我国的区域收入差距和协调发展机制，对于充分认识我国的真实收入差距具有重要的理论和现实意义，可以为制定缩小实际收入差距、促进区域协调发展的调控政策提供科学依据。

本书的主要目标有以下四个方面：一是厘清购买力与民生质量、收入水平之间的相互关系，完善基于民生质量的区域发展均衡模型；二是确定参与购买力平价的商品"篮子"和指标权重，构建购买力差异测度的指标体系和模型方法；三是探究"一篮子"商品价格的空间分异特征，根据购买力平价的结果测度各地区总体的购买力差异；四是运用购买力平价指数将名义收入转换为实际收入，测度真实的区域发展差距。

2. 研究意义

（1）理论意义。

区域发展差距是经济地理学研究的经典命题，基于民生质量的区域发展均衡研究是当前经济地理学理论研究的一大重点。区域发展差距在传统上多被表达为区域"经济发展水平"的差距，而人们真正感受到的差距是居民生活层面的差距。本书基于不同地区"1元≠1元"的现象导致名义收入不能反映居民生活水平的客观实际，从购买力差异的角度，实现从生产层面到居民生活层面的区域发展均衡，完善了基于民生质量的区域发展均衡模型，是对区域均衡发展理论的丰富和完善；应用购买力平价的理论和方法来研究我国各地区间的购买力差异，构建了区域购买力差异的指标体系和研究框架，不仅具有学科交叉研究的理论探讨意义，也为探测真实的区域差距等相关研究提供了新的分析视角。

（2）现实意义。

新时代区域协调发展的目标是实现人民生活水平大体相当，调整收入分配格局，缩小区际收入差距，这对我国经济和社会发展具有重要的现实意义。缩小区域发展差距、推动区域协调发展，对我国经济和社会发展具有重要的现实意义，客观认识区域发展差异的特征和格局有着广泛的社会需求。围绕我国收入水平与物价水平存在双重差异的突出问题和保障民生公平的重大战略需求，本书从购买力的视角，构建了用来比较同一时期、不同地区之间综合物价水平的空间价格指数——购买力平价指数，用以消除物价差异的影响，将名义收入转换为实际收入，对各地区购买力的差异及对真实收入的影响进行了全面深入的研究，将缩小区域差距聚焦到缩小居民生活水平的差距上来。研究成果能够为新时代缩小地区间的实际收入差距政策找到着力点，为推进区域协调发展的宏观政策制定提供科学依据。

第三节　研究思路与研究内容

1. 研究思路

针对当前地区间名义收入不能反映居民实际生活水平的客观实际，本书通过理论借鉴和方法创新，构建适用于我国地区间购买力差异测度和分析的研究逻辑框架（见图1-2）和指标体系。探讨如下问题：①如何测度一个购买力平价指数，使不同地区的名义收入具有可比性；②不同地区的购买力差异程度及空间分异有怎样的特点；③购买力差异对不同地区真实收入的影响等。

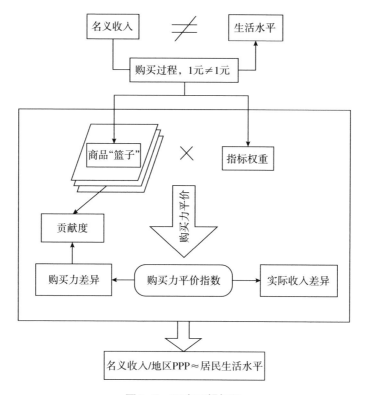

图1-2　研究逻辑框架

研究思路如下：基于购买过程中"1元≠1元"，人民生活水平得不到真实数据反映的现实背景，在充分了解国内外购买力平价理论和应用等相关研究，尤其是在不同国家和不同地域经验法则的基础上，从理论层面探讨居民生活水平与收入水平、物价水平（反映生活成本）之间的关系，构建购买力差异的研究框架；基于购买力平价的理论和方法，对直接影响居民生活的商品进行指标选取和分类，遴选出可能存在地区价格差异的商品或服务，构建适用于我国区域间购买

力平价的指标体系和计算方法，测度不同地区的购买力平价指数；综合测度不同
地区的购买力差异，并运用购买力平价指数将名义收入转换为实际收入，分析购
买力差异对不同地区真实收入水平的影响。

2. 研究内容

本书主要研究内容包括以下五个部分：

（1）购买力差异研究的理论分析和研究框架。

在学习和借鉴国内外购买力研究成果的基础上，建立民生质量、收入水平、
物价水平（购买力）三者关系的理论框架，对人们的消费结构、物价的变化如
何影响居民生活水平的变化等进行理论解析，论证购买过程中的价格差异在收入
与民生质量之间所起的作用，完善基于购买力的、以民生公平为导向的区域发展
均衡模型。运用省区的居民消费价格指数（Consumer Price Index，CPI）数据初
步分析我国各省份（本书研究范围不包含港澳台地区）物价水平的总体差异情
况，并对人民币实际购买力的差异的影响因素进行理论分析。在理论、实证、因
素分析的基础上，设计研究框架和研究流程，测度购买力的地区差异及其对区域
发展差距的影响。

（2）购买力差异测度的指标体系和模型方法。

进行购买力差异研究最重要的是确定商品"篮子"，使其能够最大程度地反
映居民的生活消费情况，如何选出具有代表性的商品以及各项商品权重的确定，
是需要解决的关键难题。结合现有研究的指标选取与权重测算的经验和不足，遴
选出具有代表性的商品或服务，构成参与购买力平价的"一篮子"商品。指标
权重的确定则从统计上的居民消费支出结构出发，参照 CPI 权重进行调整后确
定。在数据选取时，一方面要尽可能地保证选取的商品或服务的代表性，要能真
实地反映人民的日常消费结构；另一方面则必须保证各地区同种商品或服务的价
格数据的完整和统计口径的统一。以指标体系为基础，构建以基准城市为比价对
象的购买力平价指数测度模型方法和计算流程。

（3）"一篮子"商品价格的数据来源以及基本分异特征。

该部分综合利用统计资料与网络数据挖掘，获取商品"篮子"的具体代表

性商品或服务的价格数据并进行数据处理。"一篮子"商品的价格数据收集工作完成以后，便可以根据构建的购买力平价的计算方法，一步一步地测算出各地区的购买力平价指数。

对选取的代表性商品或服务价格的数据的来源与处理方法进行说明后，运用地理学的空间分析方法，分别分析各地区居民的分项生活成本的空间分异格局。生活成本即商品"篮子"里商品的价格，选取的商品的价格就代表一个方面的生活成本，测度各类商品或服务价格的差异大小、空间分异及其对居民生活的影响程度，对价格差异大的商品或服务进一步进行影响因素的定量分析。各类居民生活成本，通过购买力平价模型的计算，综合反映为城市的货币购买力水平。

（4）购买力差异的测算及其空间分异特征。

购买力是指单位货币能买到商品或服务的数量，是影响普通消费者在不同地区实际生活水平的一项重要内容。该部分内容主要是应用"一篮子"商品的价格和权重数据，以西安市为参照城市分析购买力平价，计算得出购买力平价指数，用以反映各地区多少数量的人民币等值于西安1元人民币的购买力。对各项指标对购买力平价的贡献度进行分析，用横截面数据分析各项指标对购买力差异的贡献度（哪几种商品或服务对购买力差异的贡献度大），并对贡献度最大的几个指标进行深入的解析，以期找出购买力差异调控的切入点。根据购买力平价指数，研究我国地区间购买力差异的程度和空间分异格局，分析经济发展水平、人口规模与购买力平价指数的关联程度，以及不同类型的城市的购买力差异状况。

（5）购买力差异对名义收入的修正及对真实收入的影响。

各地区的购买力平价指数是本书的重要研究结果，应用购买力平价指数消除地区物价差异的影响，可以将名义收入转换为实际收入。应用购买力平价指数对名义收入进行修正后，比较名义收入与实际收入的最高值与最低值的差距，测算我国区域之间真实的区际收入差距。由于物价水平（购买力平价指数）存在差异，对城市的实际收入水平的空间差异与名义收入水平的空间差异进行对比，探究哪些地区的货币购买力处于低估状态，而又有哪些地区的购买力被高估了，根据城市名义收入与物价水平的等级的一致性对城市进行综合分类。结合前文对物价差异影响因素的定性和定量分析结果，提出缩小实际收入差异、实现区域民生质量均衡的调控对策。

第四节　研究方法与技术路线

本书研究主题是经济学、地理学、统计学以及社会学等多学科共同关注的命题，鉴于研究内容的跨学科、综合性与复杂性特征，本书借鉴经济学、地理学（人文地理、地理信息科学）、社会学、统计数学及交叉学科的理论与方法，以经济学购买力平价的视角，采用地理学的空间研究方法，研究地区间购买力差异及其对真实收入的影响。

1. 理论研究与实证研究相结合

基于文献研究和理论分析，构建理论模型与研究框架。通过系统梳理分析国内外相关研究文献和理论成果，建立居民生活层面的区域发展均衡模型，并进一步完善本书的研究方案，明确地区购买力差异及其影响研究的理论框架和研究思路，深入理解所需使用的数据、空间计量模型的设定以及计量模型的估计和统计推断方法。以购买力平价理论和区域发展均衡模型等理论指导实证，通过文献阅读和资料整理，掌握该方向的研究动态和趋势，把握本书的研究思路；以实际的购买力差异和地区间生活水平差距为实证研究，反过来支撑完善理论模型。

2. 数理统计分析与空间计量分析相结合

采用多源数据收集和统计分析的方法获取各地区的物价指标；综合利用"一篮子"商品的价格数据和社会经济统计数据，运用"篮子"成本法，综合测度各区域的购买力平价指数，并将名义收入转换为实际收入；通过 ArcGIS 空间分析模块和功能拓展模块，分析地区之间购买力差异的特征和空间分异格局，科学刻画和测度名义收入差距和实际收入差距的演变特征和空间效应；采用 Matlab 数据分析的方法研究购买力差异的分布特征和影响因素。

3. 网络数据挖掘与传统资料相结合

通过网络数据挖掘收集全国各地区的物价数据，与历年统计年鉴的相关数据结合使用，可以最大程度地提高研究的时效性，也可以与传统统计数据进行相互补充和检验。另外，在研究过程中，充分运用 ArcGIS 10.0、Photoshop CS 5、Microsoft Visio 2010 等软件分析绘制专题地图和数据表，发挥地理学的专业优势。

本书的研究技术路线如图 1-3 所示，第一章提出"同物不同价对区域发展

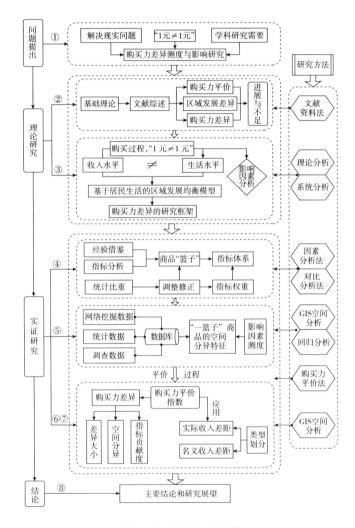

图 1-3 研究技术路线

注：①~⑧分别代表本书的第一章至第八章。

差距的影响"的问题，第二章和第三章进行了文献综述和理论研究，提出研究框架，第四章构建购买力差异的测度指标体系和模型方法，第五章分类分析"一篮子"商品的空间分异特征与影响因素，第六章和第七章研究购买力的空间分异格局及其对实际收入的影响，第八章得出研究结论并提出研究展望。

第二章

地区购买力差异的国内外研究进展

第一节　相关概念及内涵

与本书研究密切相关的概念有"购买力""购买力平价""购买力平价指数""名义收入""实际收入""生活水平与民生质量""区域发展差距"，对这些概念的准确界定和理解是研究的前提和基础。

一、购买力与购买力平价

（一）购买力与购买力差异

购买力是指收入所购买商品或服务的能力，也指单位货币能买到商品或服务的数量，即货币购买力（余芳东、任若恩，2005）。由于购买力是指对商品或服务的购买能力，不通过货币进行结算的实物收支和不是用来购买商品或服务的货币支出，如借款归还、税金党费交纳等，都不属于购买力的范围。购买力的大小取决于货币本身的价值、商品的价值或服务费用的高低。

物价水平是指"一篮子"商品与服务的价格（曼昆，2001）。在使用统一货币的区域，其内部不同地区物价的差异会造成 1 元钱所能购买的商品或服务不同，物价水平高的地区，人们需要为购买的商品或服务支付更多的钱。这种由于物价水平的不同，造成等额货币在不同地区购买商品或服务能力的差异，称为"购买力差异"，即"1 元≠1 元"的现象。

物价水平可以作为货币购买力的一种衡量指标，物价水平提高意味着同样 1 元钱所能购买的商品或服务的量变少，即货币购买力下降。

（二）购买力平价

平价（Parity），意为价值对等、同等。购买力平价（Purchasing Power Parity，PPP）是国家间综合价格的比较，即在不同国家购买同样数量和质量的商品或服务时不同货币的价格比率，一般被用来衡量和对比国家之间价格的差异。理论上，固定数量的货币，用购买力平价转换成不同的货币时，在不同的国家能买到同样的"一篮子"商品或服务。购买力平价既是一种货币换算的方法，也是一种根据各国不同的价格水平计算出来的货币之间的等值系数，它可以消除价格水平在各国之间的差别（郭熙保，1998），使不同的货币具有相同的购买力。

举例说明，购买相同数量和质量的"一篮子"商品或服务，在中国需要花费 50 元人民币，在美国需要花费 10 美元，那么人民币对美元的购买力平价就是是 5∶1，即 5 元人民币的购买力相当于 1 美元。

（三）购买力平价指数

运用购买力平价的理论和方法，根据不同地区"一篮子"商品或服务的价格水平的数据，计算得到各地区的人民币的等值系数，本书称之为地区购买力平价指数，即地区价格指数（简称地区 PPP），可以用来衡量不同地区的物价水平。

$$地区\ PPP = "一篮子"商品或服务的相对价格 \tag{2-1}$$

地区购买力平价指数实际上是一个空间价格指数，反映不同地区货币的实际购买力，是用来比较同一时期不同地区之间商品或服务的综合价格水平的指数。与居民消费价格指数衡量比较不同时期价格水平差异不同，地区购买力平价指数是一个空间价格指数，衡量不同地区之间的价格差异。

二、名义收入与实际收入

（一）名义收入

名义收入（Nominal Income），是以货币量来衡量的收入，是在不考虑市场等因素的情况下的货币收入。例如，通货膨胀时期，货币不断贬值、商品价格不断上涨，人们的货币收入就只是名义收入，等额数量的货币收入所能购买到的商品比通货膨胀之前要少。统计指标"城镇居民可支配收入"，是指城镇居民用于消费支出和其他非义务性支出及储蓄的总和，属于居民家庭可自由支配的收入，是常用来衡量一个地区的居民生活水平的一个重要指标。

（二）实际收入

实际收入（Real Income）是指名义收入能够购买的商品或服务，即名义收入的购买力，是将居民的货币收入（即名义收入）与物价联系在一起的指标。可以看出，实际收入与名义收入（货币收入）成正比，而与物价水平（即"一篮子"商品或服务的相对价格）成反比。

$$实际收入 = \frac{名义收入}{"一篮子"商品或服务的相对价格} \tag{2-2}$$

（三）生活水平与民生质量

经济学中认为一个国家的生活水平取决于其生产物品与服务的能力（曼昆，2001）。实际收入越高的地区，人们购买商品或服务的能力越高，在一定程度上说明该地区的生活水平较高，因此地区的生活水平可以用实际收入来衡量。

民生质量即民众生计的质量，主要是从社会层面上着眼，指人们的基本生存和生活状态，以及基本发展机会、基本发展能力和基本权益保护等状况的综合性评价。

民生质量与生活水平的概念有所区别，生活水平侧重的是为满足物质文化生活需要所消费的商品或服务的"多与少"，而民生质量更加侧重生活的"好与不好"。民生质量实际是以生活水平为基础的，只是生活水平更侧重于经济方面购买商品或服务的多少，民生质量还侧重于对人的精神文化等高级需求满足程度和环境状况的评价，因此可以说民生质量是更综合、更全面的生活水平。

三、区域发展差距

区域发展差距的概念有狭义和广义之分，狭义的区域发展差距一般是指经济发展水平的差距，广义的区域发展差距也重视社会发展、人居环境等部分，指的是不同区域的经济社会发展质量的差别程度，是一定时期内各区域之间人均经济、社会、生态综合效益之间的差距（樊杰，2013；徐勇、樊杰，2014）。

目前对区域发展差距的研究，大多侧重于狭义的经济层面。有学者认为区域经济差距是指在一国内部，部分区域有更强的经济实力、更快的发展速度，导致的发达与不发达地区并存的格局。还有学者将区域经济差距定义为一定时期内全国各区域之间人均意义上的经济发展水平非均等化现象（覃成林，1997），强调非均等即存在差异。而广义的区域发展差距从单纯的用经济指标来衡量，逐步转变为以民生质量为导向的区域综合发展差距，赋予了区域发展差距以新的内涵（中国科学院区域发展领域战略研究组，2009）。区域发展不仅是经济方面的发展，更是经济、社会、生态多维目标下的发展，对区域发展差距的测度应构造以民生质量为导向的区域发展指标体系（樊杰，2013）。本书采用广义的区域发展差距概念。

第二节　相关理论基础

一、购买力平价理论

购买力平价（PPP）理论是一种经典的汇率决定理论，即用货币的国内购买力确定各种货币之间比价的一种理论。瑞典学者 Cassel 于 1922 年完成的《1914年以后的货币和外汇》（*Money and Foreign Exchange after* 1914），对购买力平价理论进行了系统阐述，指出购买力平价是两种或多种货币对于一定数量的商品或服务的购买力之比，也就是两种货币在购买相同数量和质量商品或服务时的价格之比。

Cassel 对购买力平价理论的原理进行了精辟的论述："我们对于某一外国货币愿意支付某种价格，最主要是因为这样一种事实，即该种货币在那个国家对商品或服务拥有一定的购买力。另外，当我们提供一定量的本国货币时，实际上是提供对商品或服务的一定量的购买力。在根据我们的货币对某一外国货币估价时，主要依据的是两种货币在各自国内的相对购买力。"上述原理就是各国货币之间汇率确定的基本原理，各种汇率都是据此确定的。虽然现实中的汇率可能与购买力平价不一定完全一致，但实际汇率总是趋向于这一水平，围绕这一水平上下波动，不会发生根本性的背离，"购买力平价代表真实的均衡汇率，了解这些平价具有较大的现实意义。当我们想要知道汇率经常发生变动的各种货币的真实价值时，事实上我们必须以购买力平价作为参考"（崔孟修，2002）。

二、区域发展差距理论

（一）区域均衡/非均衡发展理论

区域均衡发展理论是在马歇尔的新古典理论的基础上产生的，核心思想是在市场经济条件下，由于要素的边际收益递减和规模收益不变，资本、劳动力与技术将自由流动，直到地区间要素的边际收益实现均衡为止，这使地区经济差距趋于收敛，即区域发展趋于均衡。

新古典区域均衡模型在提出后的几十年逐渐显现出了不足。因为区域均衡发展理论是建立在一系列与现实相去甚远的假设条件之上的，忽略了规模效应、聚集经济、技术进步、市场缺陷和制度因素，导致它在现实中的运用十分有限。基于上述问题，一些学者提出了区域经济不平衡增长理论，强调经济部门或产业的不平衡发展，并强调关联效应和资源优化配置效应。不平衡增长理论的核心是关联效应原理，优先投资和发展关联效应最大的产业，也是产品的需求价格弹性和收入弹性最大的产业。这个理论提出后，被许多国家和地区所采纳，并在此基础上形成了一系列区域非均衡发展理论。表2-1列举了与收入差距相关的区域均衡/非均衡发展理论的主要观点。

表2-1　区域均衡/非均衡发展理论的主要观点

理论名称	创立人及年代	主要观点
大推进论	罗森斯坦-罗丹，1943年	在各个工业部门同时进行全面的大量投资，使各种工业部门都发展起来，才能产生外在效益、规模经济效益以及相互依赖、互为市场的市场体系，克服社会分摊资本、储蓄和市场需求三个方面的不可分性，实现经济的大发展
贫困恶性循环论	纳克斯，1953年	发展中国家是因为陷入"低收入—储蓄能力小—资本缺乏—低生产率—低收入"的恶性循环才导致贫困，主张实行平衡增长战略，认为各部门不应都按同一比率发展，而应按不同比率投资和发展各部门的生产

续表

理论名称	创立人及年代	主要观点
二元经济论	刘易斯，1954 年	对经济结构的演进过程与居民收入差距的变动状况关系进行了研究。发展中国家在工业化初期，现代工业部门能在不变的工资水平上获得大量廉价劳动力，从而使其资本积累不断扩大。随着工业部门的不断扩张，农业部门与工业部门的收入差距进一步扩大；但随着经济结构的不断演进和现代工业部门的扩张，劳动逐渐成为稀缺要素致使劳动者的工资水平上升，于是城乡居民收入差距由原来趋于扩大转变为趋于缩小
低水平均衡陷阱论	纳尔逊，1956 年	以马尔萨斯理论为基础，认为发展中国家人口的过于快速增长会阻碍人均收入的提高。要进一步提升人均收入，需要进行大规模的资本投资，使投资和产出的增长超过人口增长，人均收入增长率超过人口增长率
临界最小努力命题论	赖宾斯坦，1957 年	不发达经济中，存在提高或降低人均收入的两种刺激力量。如果经济发展的努力程度不够，达不到一定水平，提高人均收入的刺激达不到临界规模，就难以克服发展障碍、冲破低水平的均衡。经济如果想要长期持续增长，需要在一定时期接受大于临界最小规模的增长刺激
累积循环因果理论	冈纳·缪尔达尔，1957 年	区域经济发展过程首先是从发展条件较好的地区开始，一旦这些地区由于初始发展优势实现超前发展，就会通过累积因果过程，不断积累有利因素继续发展，导致区域发展差距不断扩大
不平衡增长论	阿尔伯特·赫希曼，1958 年	该理论认为在经济发展的初期阶段，要素向增长极集聚，"极化效应"占主导地位，区域差异会逐渐扩大；但随着增长极的极化效应到达顶峰，扩散效应显现，产生的"涓滴效应"将缩小区域差异
倒"U"形理论	威廉姆逊，1965 年	该理论是建立在实证研究基础之上的，而且将时序问题引入区域空间结构变动分析，认为区域差距会先扩大后缩小，即经济活动的空间集中式极化是国家经济发展初期不可逾越的阶段，但由此产生的区域经济差距会随着经济发展的成熟而最终消失

（二）区域发展综合均衡模型

区域发展一般理论认为，区域发展格局变化的根本驱动力是发展差距导致趋于区域均衡的力量，区域发展格局变化受区域发展向着区际均衡状态演进的驱使，以人均 GDP 为代表的经济发展的差距导致了区域间势能的存在，从而引发产业在地区间的转移、人口在空间上的流动等，这些过程不断转化着势能，使区域发展趋于均衡（陆大道，2003，2011）。但基于现实格局的研究发现，即便是经济社会发展到高级阶段的美国等发达国家，以经济发展水平为代表的区域发展差距仍然存在。这是否表明区域发展差距是永恒的，区域发展格局演变没有最终状态呢？有没有一致的规律可循呢？

在"中国至 2050 年区域科技发展路线图"研究中，中国科学院区域发展领域战略研究组（2009）系统梳理了寻求"经济效益、社会效益以及生态效益"三大效益综合较优的区域发展目标。区域均衡不等同于区域经济发展水平的均衡，而是要实现"提升竞争力、改善民生质量以及增强可持续发展能力"三维目标相统一，在三维目标的要求下，区域发展不再仅仅是经济的发展，而是经济、社会和生态三者相互作用下的发展。为进一步揭示区域发展中三维目标之间的关系、评价区域发展的综合效益以及预测三维目标框架下我国区域发展的基本趋势，对区域经济增长理论等也进行了重新审视，有研究者在长期研究基础上构建了综合的空间均衡模型（樊杰，2007，2013；Fan et al.，2012）。综合均衡模型阐释了均衡的准则：人们在评价一个区位是否优于另一区位时，不仅考虑经济效益，还要考虑社会、生态等其他效益，综合均衡是多因素共同作用的结果。考虑到区域发展条件的客观差异，经济的单一均衡是很难实现的，实现区域发展格局稳定状态的必要条件就应该是三大效益之和在区域之间的均衡，即区域发展综合均衡模型：

$$D_i = \frac{\sum D_{im}}{P_i} = \frac{\sum D_{jm}}{P_j} = D_j \qquad (2-3)$$

其中，区域 i 和区域 j 综合效益的人均水平值分别为 D_i 和 D_j，P 为人口总量，D_{i1} 和 D_{j1} 是经济效益，D_{i2} 和 D_{j2} 是社会效益，D_{i3} 和 D_{j3} 是生态效益；$m=1$，2，3。若不计社会效益，则经济效益之差可以由生态效益之差予以弥补，生态效益就成为经济效益的函数，受区域发展差距状态所决定。

目前多采用的经济均衡局限在对以人均 GDP 或人均收入等生产层面均衡产生的问题进行完善。然而实践已经证明，在工业化和城镇化快速推进时期，人均 GDP 代表的区域经济发展差距的扩大是必然趋势（陆大道，2003；Fan et al.，2012）。用 GDP 衡量区域经济发展水平差距表征的是生产层面的区域差距，从生产层面而言是难以实现区域均衡的，然而经济均衡并不仅表现在以人均 GDP 为代表的生产层面的均衡，更体现在民生质量方面的均衡。从生产层面到民生质量，至少还经过了收入分配、购买产品和服务等环节，受到政府财政的收入分配、个人收入水平、实际购买力（受物价指数影响）等影响。通过对收入分配、物价因素等调控手段，可以促进经济方面的均衡。欠发达地区的实际购买能力可以通过上级政府的转移支付，以及相对较低的物价水平等得到提升；而发达地区的实际购买力可以通过税收、较高的物价得到合理的调节。根据国家的资金实力，逐步提升地区间均等的基本公共服务水平，也能够维系国土开发格局逐步趋近平衡状态。

空间均衡的过程实质是势能向动能不断转化、势能逐渐衰竭的过程。产业的转移、人口的迁移、资本的流动等各种要素的运动都是空间均衡的不同实现形式。综合空间均衡模型的学科价值在于揭示了区域发展格局演变的内在规律，从而为构建空间结构有序演进理论，形成区域发展空间均衡学说奠定了基础。

三、物价波动相关理论

（一）供给-需求理论

宏观经济学中的"供给-需求"模型提供了一个用以分析供给和需求冲击和物价波动的理论框架（高鸿业，2007）。该模型的核心内容可以用供给-需求曲线（AD-AS 曲线）阐释。需求曲线（AD 曲线），是一条描述价格水平和需求总量关系的曲线，一般向右下方倾斜，表明物价水平和需求总量之间呈负相关关系。供给曲线（AS 曲线）描述了总供给（即产量）与一般价格水平的依存关系。在常规情况下，短期现实的总供给曲线更多表现为向右上方倾斜（见图 2-1），即当价格水平上升时厂商可以为生产要素支付更高的报酬，从而生产更多的商品。

供给曲线与需求曲线的相交点是均衡点。供给和需求任何一方的增加或减少，都会造成物价水平的改变。当需求数量 Q 上升（即需求曲线沿着坐标轴 Q 的正向移动），而供给数量 Q' 不变，均衡价格和均衡交易量（即均衡数量）亦会

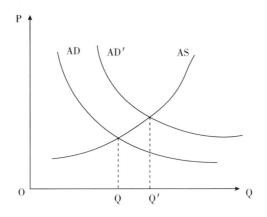

图 2-1　供给-需求曲线

上升，均衡价格、数量会出现变动；反之亦然。

从短期来看，市场供求是决定市场价格的直接因素，它使价格围绕着市场价值或生产价格上下波动。短期的市场供求关系决定着市场价格偏离市场价值或生产价格的方向和程度。一般来说，市场供不应求，市场价格往往高于市场价值或生产价格；市场供过于求，市场价格往往低于市场价值或生产价格。不仅如此，市场供给与需求的对比关系决定着市场价格偏离市场价值或生产价格的程度大小。

从长期来看，市场价格调节着市场供求的平衡与不平衡，调节着生产要素的流入或流出。长期供求关系直接影响着市场价值或生产价格形成的条件，进而影响市场价值。一般来说，长期供过于求很少出现，而供不应求是长期供求关系的主要形式。正如马克思所说："当价格由最坏条件下生产的商品的价值来调节也不降低，那么这种在最坏条件下生产的商品就决定市场价值。这种情况，只有在需求超过通常的需求，或者供给低于通常的供给时才可能发生。"该情况也适合生产价格的形成。马克思说："市场价值包含着每个特殊生产部门中在最好条件下生产的人所获得的超额利润。把危机和生产过剩的情况完全除外，这一点也适用于所有的市场价格，而不管市场价格同市场价值或市场生产价格有多大的偏离。"

（二）货币理论

早在 1911 年，美国经济学家费雪在其《货币的购买力》一书中就提出了交易方程：$Py=MV$。其中，P 为价格总水平或价格指数，M 为流通中的货币数量，y 为一国实际的国民收入，V 为货币的流通速度。其中，V 和 y 被视为常量。

1917 年，新剑桥学派的代表人物之一庇古在其发表的《货币的价值》一文中提出了所谓的"剑桥方程"：$M=kY=kPy$。其中，P 与费雪方程式中含义相同，表示价格总水平，Y 表示名义国民收入，y 表示实际国民收入，k 为经常持有的货币量，即货币需求总量和名义国民生产总值的比例。

费雪的交易方程和庇古的剑桥方程在本质上都试图说明货币数量与价格水平之间存在直接的因果关系。物价水平的高低取决于货币数量的多少，两者呈正向关系。

货币主义的创始者弗里德曼将重点放在了货币需求上，基于供求原理构建了货币需求函数：

$$M=f\left(P,\ r_b,\ r_e,\ \frac{1}{P}\times\frac{dP}{dt},\ w,\ Y,\ u\right) \tag{2-4}$$

式中，M 为名义货币量，P 为一般价格水平，r_b 为市场债券利息率，r_e 为预期的股票收益率，$\frac{1}{P}\times\frac{dP}{dt}$ 为预期的物资资产的收益率，即价格的预期变动率，w 为非人力财富和人力财富之间的比例，Y 为名义收入，u 为其他影响货币需求的因素。弗里德曼认为货币需求函数是极其稳定的，物价变动取决于货币供给，应该从货币供给变动研究物价变动。他认为价格变化的原因归根于货币供应量的变化，货币当局只要按照经济和人口的实际增长率之和来供给货币，产出便能与货币供应一致，物价也就会稳定。货币政策最应该实现的目标是稳定物价水平，或者至少是维持稳定的通货膨胀率。在政策制定上，弗里德曼主张实行"单一规则"的货币政策，即排除利息率、信贷流量、自由准备金等因素，仅以一定的货币存量作为控制经济唯一因素的货币政策。

（三）菲利普斯曲线

菲利普斯曲线是通货膨胀理论中不可不提的内容。菲利普斯曲线原本是由新西兰经济学家菲利普斯于1958年提出的一条用于表示失业率和货币工资变动率成反向变动关系的曲线。萨缪尔森和索洛于1960年基于通货膨胀率和货币工资增长率之间的关系，将原曲线中的货币工资增长率替换为通货膨胀率，从而得出描述失业率和物价上涨率之间关系的"失业-物价"菲利普斯曲线。它表现为在以通货膨胀率为纵轴、以失业率为横轴的二维坐标内，一条向右下方倾斜的曲线，表明了失业率与通货膨胀率之间同样存在负相关关系（见图2-2）。

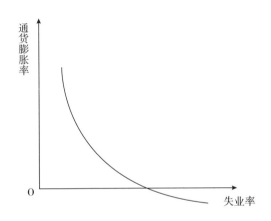

图2-2　"失业-物价"菲利普斯曲线

被修正后的"失业-物价"菲利普斯曲线有了更为重要的政策含义：政策制定者可以选择不同的通货膨胀率和失业率组合，也就是政策制定者可以利用通货膨胀率和失业率之间存在的替换关系，选择用一定通货膨胀率的增加换取一定失业率的减少，或者相反，用后者的增加换取前者的减少。

后来经济学家用经济增长率替代"失业-物价"曲线中的失业率，得到描述经济增长率和物价上涨率两者关系的"经济增长-物价"曲线。这一代替是通过"奥肯定律"实现的。美国经济学家奥肯于1962年提出，失业率与经济增长率具有反向的对应变动关系。这样，经济增长率与物价上涨率之间便呈现出同向的对应变动关系。在这一关系的研究中，经常不是直接采用经济增长率指标，而是采用"现实经济增长率对潜在经济增长率的偏离",或是采用"现实产出水平对潜在产出水平的偏离"。这一偏离表明一定时期内社会总供求的缺口和物价上涨的压力。现实经济增长率表明一定时期内由社会总需求所决定的产出增长情况,而潜在经济增长率则表明一定时期内、在一定技术水平下,社会的人力、物力、财力等资源所能提供的总供给的状况。

（四）消费经济理论

消费函数理论主要以英国著名经济学家凯恩斯为代表,他认为收入是影响消费者需求的主要因素,消费是收入的函数。对于消费函数理论,西方一些经济学家认为它是有缺陷的,经验似乎证明了短期收入与消费水平之间的稳定关系,即由于消费习惯的作用,人们的消费结构并不能随收入的变动而得到相应的调整。而且缺乏足够的证据来证明消费倾向一定是随着收入的增加而下降。

消费者需求理论,主要探讨当某一商品的价格、其他商品的价格以及消费者收入等变量发生变化时,消费者的需求行为将做出什么反应,以英国新古典学派、剑桥学派创始人马歇尔为代表人物。马歇尔对消费的研究是限于人的欲望及其满足程度与满足方式,用效用递减规律来说明人的欲望的满足情况,指出当消费者收入不变,商品价格的变动将同时表现为商品销售数量的变动,同时提出了需求弹性理论,利用需求弹性概念说明价格变动或收入变动所引起的需求变动的反应程度。

第三节　地区购买力差异相关研究进展

一、购买力与购买力平价理论的应用研究

购买力平价理论是一种货币换算率,该理论最先在国家之间的汇率验证研究中得到应用（Shim et al.，2016）。由于汇率一般不能反映各国的实际货币购买

力，一些国际组织和学者运用购买力平价方法对各国的实际收入进行比较（Gilboy、钟宁桦，2010）。联合国从 1968 年开始了国际比较项目（International Comparison Program，ICP）的研究工作，使各国可以通过购买力平价换算，与其他国家进行经济总量比较（陈梦根、尹德才，2015）。由于一国之内各地区的消费习惯、制度措施、文化背景等方面的差异比国家之间的差异要小，所选择的商品或服务的代表性更强，购买力平价的测算结果的可信度也更高，因此购买力平价也逐渐用于对一国不同地区价格水平差异和经济发展水平的测算（Crucini et al.，2010）。

购买力平价理论是一种货币换算率，认为汇率的决定因素是物价水平而非其他因素，通过购买力平价使不同的货币具有相同的购买力，因此该理论最先在国家之间的汇率验证研究中得到应用，随后诸多国际组织和学者将其用于各国经济收入的国际比较等领域。①汇率确定。购买力平价理论对汇率的确定有指导作用，研究 PPP 与汇率的关系，有助于从政策上指导汇率，以免汇率与 PPP 偏差过大（Rawlins，2016）。理论上，国家间的汇率应该与 PPP 基本相当，而实际上受到各种因素（如存款利息、汇率政策、通货膨胀等）的影响，汇率与 PPP 差异显著（Shim et al.，2016）。②各国经济收入的国际比较。用汇率把各国的GDP 换算成同一货币并不能真实地反映各国实际收入水平的差异，于是，一些国际组织和学者试图运用购买力平价方法对各国的实际收入进行比较（Gilboy、钟宁桦，2010）。由 2011 年 ICP 的购买力平价结果推算中国经济总量 2014 年超过美国而位列世界第一，引发各界广泛关注（陈梦根、尹德才，2015）。

二、区域发展差距的研究进展和主要研究内容

（一）我国区域发展差距的研究进展

区域经济发展差异、区域发展差距等研究一直以来受到经济学、地理学等多个学科的长期关注，相关的研究众多。本书对购买力的研究主要侧重反映真实的收入水平，因此主要关注区域收入差距的部分。

经济学视角下的区域收入差距更侧重于分析收入差距的趋势和敛散性，根据相关研究，截止到 2000 年左右，中国城乡之间、居民家庭之间的收入差距都反映出典型的不平等趋势。特别是随着时间演进和数据可靠性的提高，越来越表明一度被认为的"中国收入分配差距按照国际标准来看并不大"的判断是错误的（Gibson et al.，2001）。世界银行计算的反映中国收入差距的基尼系数 1981 年为 0.31，从 20 世纪 80 年代中后期开始，中国的收入差距急剧扩大，到 2008 年达到最高水平 0.49（李实、朱梦冰，2018）。这种收入分配的不平等程度在世界范围的比较中也处于很高的水平。[①] 国内学者对地区收入差距测度的研究已经有一些代表性的成果。主要代表性研究成果的数据、方法和基本结论如表 2-2 所示。李实和赵人伟（1999）指出，我国收入不均等主要来自城乡差异和地区差异。1978 年以来，不同省份的城市地区之间和农村地区居民之间，居民收入的地区差距都呈扩大之势。胡联合和胡鞍钢（2005）的研究则表明在落后地区，GDP 的增长没有及时地为当地居民的人均收入增长做出相应的贡献。李实和罗楚亮（2011）进一步修正了调查数据中高收入人群样本代表性不足和收入低报的问题，通过对样本权重结构、抽样偏差以及地区间货币购买力差异进行调整，估计出的全国 2007 年的基尼系数为 0.485，达到了较高水平。

表 2-2　中国地区收入差距敛散性的代表性研究成果

研究者	数据	研究时段	研究方法	基本结论
杨伟民（1992）	人均 GNP	1978~1989 年	洛伦兹曲线、基尼系数和变异系数	东中西各地带内和地带间都存在明显的收入差距，其中东部与西部的差距最大，中部内部各地区之间最小
张平（1998）	农村家庭人均纯收入	1980~1995 年	变异系数	地区间农村居民收入差异在扩大
李实、赵人伟（1999）	人均收入和人均工资	1980~1995 年	泰尔指数	从 1984 年开始，农村内部的收入差距处于一种持续平稳上升的趋势，而城镇内部收入差距则出现跳跃式的上升，均不满足库兹涅茨假说

---

① 资料来源：联合国开发计划署。

续表

研究者	数据	研究时段	研究方法	基本结论
蔡昉、都阳（2000）	人均GDP	1978~1998年	泰尔指数	全国不存在地区经济增长的收敛，东部、中部、西部表现出俱乐部收敛状况
罗守贵、高汝熹（2005）	人均GDP、人均可支配收入	1978~2003年	基尼系数	区域差距目前处于很高的水平，并有继续上升的趋势
王小鲁、樊纲（2005）	人均GDP	1996~2002年	基尼系数、面板数据回归模型	城乡间、区域间的居民收入差距迅速扩大，城镇和乡村基尼系数的变动趋势具有倒"U"形曲线的特征，而城乡收入差距变动曲线只具有上升段的特征
胡联合、胡鞍钢（2005）	城镇居民人均可支配收入、农村居民人均纯收入	1978~2002年	相对差异系数、泰尔系数、变异系数	1978年以来，居民收入的地区差距呈扩大之势。在落后地区，GDP的增长没有及时地为当地居民的人均收入增长做出相应的贡献
李实、罗楚亮（2011）	抽样调查数据	2007年	帕累托分布、基尼系数	修正了调查数据中高收入人群样本代表性不足和收入低报的问题，通过对样本权重结构、抽样偏差以及地区间货币购买力差异进行调整，估计出的全国2007年的基尼系数为0.485，达到了较高水平

　　相比经济学者的研究，地理学者更为关注空间尺度的差异研究。相关研究主要集中在对区域发展差距所导致的效应的评估和存在问题的成因解析，对区域发展差距的维度与幅度的合理调控方面。当前相关研究主要体现出以下几方面的特征：①研究内容方面，最初受到较多关注的是地带间、省际差距，随着研究的不断深化，城乡、地带内部之间差距的测度和分解成为研究的重要内容。随着全面建成小康社会的不断推进，对区域发展的衡量逐渐从经济生产层面扩展到生活层面。经济新常态以来，区域差距问题发生的新变化，以及居民生活层面的区域差距特征及机制，还需要进行深入全面的探讨。②测度指标方面，目前应用最多的是GDP、人均GDP等生产层面的指标，人均受教育水平、居民生活质量等反映地区综合发展程度的指标越来越受到重视，但对于居民生活层面的区域差距研究还相对薄弱。③研究方法方面，可以归纳为三个方面：变异系数、基尼系数、泰尔指数等指数以及指数的分解；从经济增长出发，采用计量经济模型判断区域差

距是否收敛，如时间序列模型、面板数据模型、动态面板数据模型；空间分析和空间计量经济分析，如核密度估计和马尔科夫链分析方法、探索性空间数据分析、空间计量经济模型、空间 ARMA 模型等方法的发展为揭示区域差距的空间异质性提供了技术保障。

总体来看，目前从地理学和经济学两大学科出发的关于区域发展差距的研究各有千秋，地理学更注重空间与尺度，经济学在制度与计量方法上更具优势，在这一问题上也都形成了立足学科特色的理论基础。在综述过程中也发现，关于区域收入差距的研究，经济学的研究成果更丰富，相比区域经济差距方面的大量研究成果，地理学在收入差距方面的研究稍显薄弱。对地区间购买力/价格差异的研究以经济学、统计学角度为主，而且研究才刚刚起步，对于数据的代表性、指标选择及计算方法以及计算结果的分析都还有待于进一步完善。

（二）区域发展差距的主要研究内容

在工业文明时期，区域发展的研究主要集中在区域经济增长及其相关方面。随着区域发展内涵的扩大，特别是在可持续发展、生态文明建设、全面实现现代化等背景下，区域发展研究正在成为更加综合研究的主题（樊杰，2019）。区域差距是各国区域发展中普遍存在的现象，并且是长期存在的发展问题之一（孙志燕、侯永志，2019），一直以来受到经济学、地理学等多个学科的长期关注，相关的研究众多，本书对区域差距的研究从购买力的视角切入，探究区域之间的真实收入水平差距，因此这里对区域差距的文献回顾主要关注地区间差距和收入差距的部分。

1. 区域发展差距的理论研究

在西方区域经济理论的研究中，涌现出不少关于区域发展的理论学说，如投入产出理论、扩散效应理论、循环累积因果理论、经济增长理论等，这些理论也成为我国区域发展研究的理论基础。随着我国区域发展差距的兴起和发展，区域发展理论在我国得到了创新式的发展。

近年来有较多区域发展差距的理论研究表明，考虑到区域发展条件的客观差异，区域经济发展水平的绝对均衡是不存在的，即使区域发展进入稳态，区域之间经济发展水平仍存在着一定的差距,生产层面的区域发展均衡是难以实现的。例如,樊杰(2014)构建了"区域发展综合均衡模型",认为可以通过分配环节实现缩小民生质量的差距,欠发达地区的实际收入可以通过上级政府的转移支付、相对较低的物价水平等得到提升,而发达地区的实际收入可以通过税收、较高的物价得到合理的调节,使生产层面差距很大的地区在居民生活层面的差距得以缩小。陆铭等(2019)提出了"在集聚中走向平衡"的空间均衡发展模式,强调如果生产要素(特别是劳动力)在区域间能够自由流动,既可以获得由集聚效应产生的生产效率,又能够在区域之间实现人均 GDP 或人均收入的平衡发展,进而实现经济上的"空间均衡"。其他国家都是在工业文明的要求下的转型,而中国是在生态文明建设总体要求下实现区域发展转型,在经济发展进入新时代的背景下,中国需要重新审视区域发展与平衡的关系,这就需要区域发展模式的创新,以及支撑模式创新的理论创新。

2. 区域发展差距的演变特征研究

1978~2018 年,中国区域发展迅猛、格局变化剧烈,成为全球地表经济地理格局发生变化程度最大、对全球经济地理格局影响最大的区域(樊杰,2019)。对中国区域发展差距的研究是从 20 世纪 90 年代初开始兴起的,对区域差距的时空变化进行了大量研究。进入 21 世纪,中国区域发展差距仍然是中国经济发展中的一个热点问题。较多的研究关注中国区域发展的时空特征(Fan et al.,2011)、地带间和省际差异(贺灿飞、梁进社,2004)以及经济发展是集聚还是扩散(魏后凯,2008)等,近年来对区域差距研究的空间单元越来越多元,基于经济区、城市群、都市圈、地级市以及核心与边缘等空间单元展开了丰富的研究(冯长春等,2015;赵勇、白永秀,2012;曹小曙、徐建斌,2018)。

在借鉴前人研究的基础上,近年来区域发展差距的研究除了分析区域差异演变情况外,更加注重差异结构的深入分析。南北之间的经济发展差距有所扩大,成为区域经济学界关注的新问题。近年来,我国发展的不平衡性出现了"南快北慢"的新特征,南北经济差距表现在多个层面,并且有逐渐扩大的趋势(盛来运等,2018)。中国经济发展的区域差异正逐步由以东西差异为主导转变为以东西差异和南北差异两者并存为主要特征（樊杰等，2019）。都市圈核心与边缘（中心与外围）之间的发展差距也成为区域差距的重要部分。有研究表明，从城市群中心城市与外围城市的比较来看，中心城市远远高于外围城市且两者差距不断扩大（赵勇、白永秀，2012）。由于新技术革命、全球分工格局的深度调整和产业数字化转型等多重因素的影响，我国地区差距出现了新一轮的扩大，发展不平衡的特征随之出现了更复杂的变化，各地区除了在经济发展水平方面存在显著差距之外，资本、劳动力等要素在不同区域之间流动和布局，地区发展能力等方面也都出现了更显著的分化和结构性不平衡（孙志燕、侯永志，2019）。

3. 区域发展差距的变化趋势研究

区域发展差距演变研究的一个重要方面是对变化趋势的研究。区域发展差距的变化趋势的研究可以分为区域差距收敛论和区域差距发散论。对我国区域差距的敛散性分析也涌现了大量研究成果，差距趋于缩小还是持续增大则由于研究对象不同、分析的期间不同、选择的指标不同和研究的方法不同，现有的研究没有形成一致的研究结论。也有较多的文献从多种视角验证威廉姆逊提出的倒"U"形假说，世界各国区域发展格局演变的规律证实了倒"U"形曲线的存在。汪晨等（2019）构建了区域差异的一般均衡理论模型，研究显示结构变迁会导致区域差距的上升，但随着结构变迁的完成，不平衡趋于下降至消失，两者之间呈现倒"U"形的关系。

有较多研究表明我国区域发展差距呈现出先扩大、后缩小的趋势，以 2003 年为拐点，地区间差距（尤其是沿海和内陆之间的发展差距）有所缩小（陆铭等，2019）。在 1990 年后，中国确立了发展出口导向型制造业的战略，东部沿海地区的区位优势结合倾向性政策使东部省份经济快速增长，区域收入差距明显提高（Lau，2010）。在 2003 年左右，由于政府政策以及沿海地区劳动力和土地成本的上升，中西部地区的经济增速开始超过东部地区，地区人均 GDP 差距出现拐点（Andersson et al.，2012；Lemoine et al.，2015），区域经济发展开始收敛。国际区域发展的经验也表明，区域发展差距从扩大到缩小出现的拐点区间，通常是发生在人均 GDP 1 万美元左右的发展阶段，此后的发展将出现区域经济差距趋于缩小的态势（蔡昉，2019；樊杰，2019；陆铭等，2019），当区域发展到这个阶段时，政策就应该转变为缩小区域发展差距。然而，区域发展差距存在一种演变规律，无论发展中国家还是发达国家都存在区域结构的不平衡或平衡，其演变规律并不是长期收敛，而是收敛和扩散的周期变化（金相郁，2001）。

4. 区域发展差距的成因与机制研究

区域差距是一个反映区域发展格局变动的综合性特征值，差距的形成和变动通常是多种因素共同驱使的结果，如何在研究中正确揭示因果关系，准确把握成因机制，对于把握宏观区域格局变动规律是至关重要的。造成中国地区差距的影响因素有很多，不同的研究时段、不同的研究切入点，得出的结论也不同。对我国区域发展差距形成原因的研究主要分为以下两个角度：

第一，是对区域差距形成的总体原因的研究，现有研究认为，中国区域经济发展差距形成的原因主要包括国家发展战略、区域政策、宏观经济结构、全球化、市场化程度以及城市化进程等方面（刘夏明等，2004；贺灿飞、梁进社，2004；张红梅等，2019），综合来看地理因素仍然决定区域经济集聚的程度（陆铭等，2019）。

第二，近年来，关于地区差距成因的研究更多关注某一具体因素的影响，关注的焦点集中于经济发展战略（林毅夫、刘培林，2003）、人口流动与人力资本（侯燕飞、陈仲常，2016；Glaeser and Lu，2018）、区域政策及政府干预（赵勇和魏后凯，2015）、空间布局（刘修岩等，2017）、市场化环境（范剑勇、谢强强，2010；赵亚明，2012）、投资分布（魏后凯，2002）、所有制结构（刘瑞明，2011）等方面。如 Gustafsson 和 Li（2001）认为，城市发展的空间和市民的受教育程度以及人口的迁移是导致中国城市间发展差距的主要原因。经济活动空间分布格局变化会对地区经济增长和收入差距产生重要影响（Desmet and Henderson，2015）。刘修岩（2014）、刘修岩等（2017）的研究表明，空间集聚是推动地区总体经济增长的重要力量，同时也是导致地区内部收入差距扩大的关键因素，关于城市空间发展模式对地区收入差距的影响机制的研究表明多中心空间发展模式的确有利于缩小地区收入差距。

5. 区域发展差距的解决措施和政策研究

区域发展战略和发展政策问题一直以来受到政府的高度重视，我国不断总结吸取前期区域经济发展经验教训，积极吸收国外区域发展差距理论并与我国具体国情相结合，提出了一系列发展战略，其目的都是缩小区域发展差距、实现区域协调发展。改革开放以来，从 4 个经济特区到沿海 14 个开放城市再到沿海地带全面开放等开放空间路线图的设计，4 个板块构成的区域发展总体战略的实施、主体功能区战略以及京津冀、长三角与长江经济带、粤港澳大湾区等战略区域的发展，为全面建成小康社会提供了坚实的保障。

近年来较多权威研究表明，不能简单要求各地区在经济发展上达到同一水平，而是要根据各地区的条件，走合理分工、优化发展的路子。不平衡是普遍的，要在发展中促进相对平衡，这是区域协调发展的辩证法。中国区域协调发展政策的重点不应是平衡地区经济活动的空间分布，而应侧重于尽量消除阻碍空间集聚和区域一体化的制度因素，以实现生产在地理上集中但生活水平趋同（刘修岩，2014）。区域发展政策应该发挥各地区的比较优势，让劳动力、资本等生产要素按回报在地区间自由流动，在政策导向上以地区间的人均收入均衡替代经济总量的均匀分布，最终开启"在发展中营造平衡"的区域发展新时代（陆铭等，2019）。中国区域发展进入人均 GDP 10000 美元拐点，当区域发展到这个阶段时，区域政策的着力点和区域发展战略就应该转变为缩小区域发展差距。如果国家整体经济水平不能持续提升，长期停滞在 10000 美元左右的发展阶段，区域发展差距问题始终得不到解决，则会陷入"中等收入陷阱"（蔡昉，2020）。未来 30 年，面向全面实现现代化的目标，应把实现区域发展格局演变尽快步入拐点区间、进而走向区域发展差距缩小作为战略取向，人口与经济均衡集聚，在集聚中实现区域均衡和协调发展（樊杰，2019）。

对不同国家区域发展经验的研究表明，多数国家也都越来越重视区域平衡发展问题，都在采取各种政策措施促进本国经济在空间上能够向更加均衡的状态发展（OECD，2016）。所采取的政策措施除了关注缩小地区人均 GDP 的差距，更多强调的是促进区域公平，释放更多地区的增长潜力，进而带动整个国家的经济增长（孙志燕、侯永志，2019）。我国经济由高速增长阶段转向高质量发展阶段，对区域协调发展也提出了新的要求，如何在区域平衡发展中兼顾效率和公平仍然是重大课题（陆铭，2019）。

三、购买力在区域差距研究中的应用研究

受经济发展水平、资源禀赋、区位条件、消费习俗等诸多因素影响，我国不同地区价格水平存在客观差异。地区间购买力差异及对区域发展差距的研究对于充分认识不同地区的实际收入、居民的实际生活水平具有重要意义。近十几年来关于我国各地区物价状况、物价与地区收入关系的研究，以及不同商品在各地区价格差异比较的研究不断涌现。目前已经开展了我国各地区价格高低状况、物价与地区收入关系，以及不同商品在各地区价格差异比较的研究（Brandt and Holz，2015）。申海（1999）较早地关注了地区间价格差异问题，指出价格水平地区间波动对区域经济收敛系数有重要影响。比较具有代表性的研究成果还有：江小涓和李辉（2005）利用国家发展改革委价格监测中心在 2005 年 2 月的商品或服务价格数据，设置了 7 大项 22 小项指标来分析我国 36 个大中城市的居民消费相对价格水平，并将差距研究建立在地区价格水平可比的基础之上，得出的基本结论是各地区居民消费的价格水平和居民收入水平呈现强烈正相关关系。余芳东（2006）也使用国家发展改革委价格信息监测中心的物价数据，较为科学严谨地测算了我国 31 个省份的城镇居民消费价格指数，该项研究发现东部沿海地区的总体物价水平较中西部地区更高。不同类型的商品或服务项目价格在地区之间差异有所不同，不可流动和贸易的服务类项目的价格差异大于可贸易品的地区差异。彭鑫等（2015）利用购买力平价理论对江苏省区域经济分异进行了分析，认为地区间购买力平价表现为对较为发达地区的经济发展水平测度影响较大。

但是受数据和研究视角等因素的限制，目前的购买力及其在地区差距中的研究还处于比较初级的阶段。现有研究主要侧重于物价与地区收入关系，以及不同商品在各地区价格差异比较的研究（Brandt and Holz，2015）。通过购买力平价测算地区价格指数的计算方法很多，"篮子"成本法中的价格法在实践中应用是最

为广泛的，也与我国基础数据的现实情况相吻合（余芳东，2013；胡雪梅，2017）。由于价格数据获取的限制，相关研究多以 30 个省会城市、36 个大城市或省区为研究对象，对大样本城市案例的研究较少，难以反映全国的总体情况。目前对地区间购买力差异的研究多为统计学视角，侧重于对购买力差异的测度，但对购买力对实际收入及对地区收入差距的影响缺乏系统全面的研究。

第四节　研究进展评述及对本书的启示

一、研究进展总体评述

（一）理论、方法和实践成果多，为购买力差异研究提供了理论和方法基础

国内外对购买力平价理论和实践应用进行了大量研究，研究领域涉及经济学、社会学、统计学、地理学等多门学科和领域，涌现了大量的基础理论和先进方法，并在国家之间和国家内部各地区之间进行了实践验证，为购买力平价研究提供了坚实的理论基础、方法支撑和实践指导。同时，不同国家不同地区的研究也表明，随着时代的变迁和全球变化，当前的研究也面临着诸多挑战，例如，由于对各种数据的处理不同以及选取变量不一致和所采用的方法各异导致的结果不统一问题。

（二）购买力平价理论的应用领域逐渐从国际研究拓展到一国内部

从购买力平价的计算方法中可以看出，购买力平价是一个综合性的总体指标，广泛应用于国家之间的经济比较研究。由于一个国家内部各地区的制度环境、历史文化背景等方面的差异要小于世界上国家之间的差异，"一篮子"商品或服务的代表性更强，进行购买力平价测算出的结果信度也更高。之后购买力平价方法也逐渐用于对一国之内各地区价格水平差异和经济发展水平的测算。相关研究也表明一价定律确实能够更好地在一国内部成立。从影响因素的角度来看，

大多学者都是从一个国家范围内的角度来研究物价差异与其成因的关系，并没有从区域角度来考察对物价差异的影响。

（三）对我国地区间购买力差异的研究刚刚萌芽，缺乏全面系统的研究

我国对购买力平价的研究多集中于对我国与世界其他国家实际汇率的研究，虽然目前对地区间购买力差异的研究已经有了一些涉足，但研究还比较单薄，缺乏系统全面的研究，对指标的选取、权重设定的研究不足。而目前对地区间购买力差异的研究几乎均为经济学和统计学视角，地理学视角的研究少之又少。

（四）对区域发展差距的研究较少考虑到各地区之间物价水平的差异

购买力视角下的收入差距研究对于充分认识不同地区的实际收入差距具有重要意义。不管是经济学还是地理学，对于区域发展差距的研究，通常使用总量GDP或者人均GDP等经济指标进行测度。构建地区之间的价格指数，使不同地区的名义收入购买力具有可比性，真实地反映实际收入的区域差距，是当前理论界和实际工作者需要研究解决的重大课题。目前相关研究还处于比较初级的阶段，对购买力及其对地区收入差距的影响缺乏系统全面的研究。针对当前我国不同地区物价差异显著，名义收入不能反映实际收入的客观现实，将购买力平价理论方法与区域差距研究有机结合，系统开展基于我国国情的实际收入差距测度和机制研究非常必要。

（五）研究以借鉴国外为主，国内原创和结合国情的研究少

从文献数量和质量来看，国内研究明显滞后，一般成熟的理论和方法均源于国外，国内研究基本走的是借鉴的路子，原创的理论和方法少之又少。国外经验固然有其先进可以借鉴的地方，但在借鉴国外经验时，我们应该更多对比分析中国的国情和实际情况，切勿照搬照抄。地理空间的异质性从本质上就要求我们始终要牢记"世界上没有同一片相同的树叶"。中国的购买力差异最应该立足的是本地、时下的格局，选择有本地说服力的商品指标。

二、对本书的启示

目前国内外对货币实际购买力的研究已经取得了丰硕的成果，但目前研究主要集中在国际之间汇率的比较研究，关注一国内部地区之间货币购买力差异的研究有所进展，但仍然存在诸多不足。对文献资料的阅读和分析，对本书研究的开展有以下几点启发：

（一）完善的购买力差异研究体系是系统深入研究的基础

坚实的理论体系是支撑深入研究的根基，合适而深刻的方法是支撑研究的保障。借鉴购买力评价的理论，构建基于区域民生质量的均衡模型，构建一套科学的切实可行的地区间购买力差异度量和分析的研究体系是研究的基础。本书研究将从指标项选取、模型构建、数据支撑以及结果分析等方面，构建完整的区域购买力差异理论基础和研究框架。

（二）建立空间维度上的价格指数测度方法是研究的目标

目前有许多由特定的商品或服务价格为对象的价格指数，例如，GDP 平减指数、商品零售价格指数、居民消费价格指数、投资指数等，然而这些指数都是在时间维度上的比较，空间维度上的价格指数研究相对空白。尝试构建区域价格指数的计算方法，即不同城市间的相对购买力。回答以下问题：如何构建一个购买力平价指数，使不同地区的名义收入具有可比性；不同地区的购买力空间分异有怎样的特点；购买力平价指数对区域发展差异的影响。

（三）准确翔实的数据是研究可行性和结果可信度的保障

对我国区域购买力差异的研究多以省区或 35 个大城市为研究对象，对全国层面的购买力差异研究难以深入，很大程度上是受到数据的限制。因为研究需要的大量商品或服务的价格数据难以获取，反映居民生活水平的"一篮子"商品的价格数据的统一性和完整性受到很大的挑战。因此在数据收集的部分应尽量扩大研究对象的范围，保证某一商品或服务数据来源的统一，使在此基础上进行购买力平价得出的空间价格指数有说服力。另外，通过给地区加权，能更好地反映各个要素在空间地理的配置不同，更好地测量各个成因指标对物价上涨的影响，因此指标权重的确定也是本书研究重要的一环。

（四）需从多个角度研究物价的影响因素，解释购买力的空间分异

价格的形成受多种因素的影响，目前对物价上涨的研究多是从宏观角度来考察各个影响因素对物价上涨的影响。然而，我国经济区域发展不协调，地区之间在经济发展水平、科技水平、固定资产投资水平等方面差距很大，收入分配在地区间不均等、农产品生产要素禀赋等在地区间存在差异，这些因素对我国的地区物价差异都具有直接的作用关系。因此地区经济发展水平对物价波动的影响是最广泛的，本书研究将以经济发展水平为基础，叠加供需、运输以及商品属性，从理论层面分析物价差异的影响因素，并对实证的部分进行测度，从定性定量相结合的角度解释购买力的空间分异，提升研究的深度。

（五）多学科和多领域的综合交叉借鉴是提升研究水平的关键

区域购买力差异研究作为涵盖地理学、经济学、统计学、社会学等多学科、多领域的交叉学科问题，一直需要我们重视综合集成的重要性。因此在本书研究中应注重学科相互融合，取长补短。以经济学的理论为基础，分析购买过程中的物价差异对名义收入的影响，完善地理学的区域发展均衡理论；运用统计学和社会学的方法，通过网络数据挖掘和实地调研，获取商品或服务的价格数据；从多学科角度综合考量地区间物价差异的影响因素，从理论和实证两个层面进行分析和测度；应用 GIS 空间分析等工具分析购买力在空间上的分异特征，并进行空间可视化表达。

本章小结

在全面实现小康社会目标、开始启程向全面实现现代化目标迈进的转折点，区域发展战略和政策安排必然要转向更加重视协调发展，亟须重新审视区域发展与平衡的关系，建立更加有效的区域协调发展新机制。从购买力的视角研究我国

的区域收入差距和协调发展机制，对于充分认识我国的真实收入差距具有重要的理论和现实意义。

当前区域发展差距的相关研究侧重于经济生产层面，对于居民生活层面的区域差距特征研究还相对薄弱。而且，目前对地区间购买力差异的研究多为统计学视角，侧重于对购买力差异的测度，并且处于比较初级的阶段，对购买力对实际收入及对地区收入差距的影响缺乏系统全面的研究。构建地区之间的价格指数，使不同地区的名义收入购买力具有可比性，真实地反映实际收入的区域差距，是当前理论界和实际工作者需要研究解决的重大课题。针对当前我国不同地区物价差异显著，名义收入不能反映实际收入的客观现实，将购买力平价理论方法与区域差距研究有机结合，系统开展基于我国国情的实际收入差距测度和机制研究非常必要。

第三章

地区购买力差异的理论分析与研究框架

我国各地区的物价水平差异显著，存在同物不同价的现象。这种不同地区的物价水平差异对人民币购买力发挥着怎样的作用？我国不同区域之间物价水平与收入水平一致吗？哪些因素可以解释这种各地区人民币实际购买力的差异？厘清这些问题，并设计研究方法和研究框架测度这种差异对区域收入差距的影响，是本章试图解答的问题。

第一节 购买力差异与居民生活水平的理论分析

一、购买力与物价水平关系的理论分析

货币学派的代表人物弗里德曼于 1953 年提出了"一价定律"，认为在没有贸易壁垒的完全的自由竞争市场，同一种商品在各个国家销售，如果用同一种货币衡量价格，那么该商品价格在不同国家应该是相同的。在我国大陆地区人民币是唯一的法定流通货币，中国人民银行对我国 22 个省、4 个直辖市和 5 个少数民族自治区执行统一的货币政策（受数据限制，港澳台地区不在研究范围内），货币在各地区的名义汇率 $e=1$。

我国的不同地区不存在关税等贸易壁垒，一价定律应该更好地成立，理论上人民币在不同地区的实际购买力应该是一致的。但是，在现实生活中，同等数量的货币在各地区呈现出了较大的购买力差异。我国的两个地区 A 和 B 使用人民币，P_A、P_B 表示两地区的价格水平，根据实际汇率的公式：

$$E = e \times \frac{P_A}{P_B} \tag{3-1}$$

由于 A、B 两地均使用人民币，货币的名义汇率 $e=1$，因此实际汇率的公式可以简化为：

$$E = \frac{P_A}{P_B} \tag{3-2}$$

人民币在我国不同地区的实际汇率差异，来自各个地区的相对价格差异。购买力是单位货币能买到商品或服务的数量，如果各地区的物价水平不同，即 $P_A \neq P_B$，就会导致同等数额的人民币在不同地区的购买力不同（所能买到的商品或服务不同），即物价水平的差异导致货币收入的实际购买力不同。

二、收入、物价与生活水平关系的理论分析

是否经济水平越发达、居民收入水平越高的地区，人们的收入所能购买的商品或服务越多，其生活水平也越高呢？

（一）受物价影响，名义收入无法反映不同地区的实际生活水平

我国物价水平不同的两个地区 A 和地区 B，假设一定时期内物价水平是稳定的，两地区的物价水平可以用 OA、OB 两条直线表示（见图 3-1）。

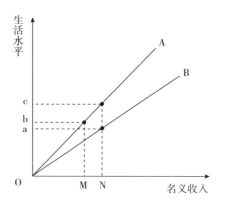

图 3-1 我国不同地区名义收入与生活水平的关系

根据生活水平的概念内涵，人们所能买到的商品或服务的多少可以反映其生活水平的高低。就地区 A（或地区 B）单独来看，由于物价水平是相对固定的，名义收入越高的居民所能购买到的商品或服务也越多，即地区 A 的居民生活水平与名义收入成正比。在地区 B 的物价水平高于地区 A 的情况下，同样的名义收入 N 在地区 A 和地区 B 所买到的商品或服务的量是不同的，在地区 A 能购买更

多的商品或服务。也就是说，同等收入水平下，地区 A 的居民生活水平高于地区 B。即**名义收入水平相同的居民，在不同物价的地区，其生活水平并不相同**。由于不同地区 100 元人民币所能购买的商品或服务不同，同等收入水平在物价不同的城市，生活水平的直观感受是不同的。

根据图 3-1，当地区 A 和地区 B 的名义收入不相同时，地区 A 的名义收入 M 低于地区 B 的名义收入 N，然而收入为 M 的 A 地区居民生活水平却高于收入为 N 的地区 B（b>a），即**名义收入水平低的居民，生活水平不一定低**。在地区 A 收入 4000 元/月的居民，其生活水平仍然有可能高于在地区 B 收入 5000 元/月的居民。

综合上述分析，居民的名义收入无法真实地反映实际生活水平，收入在购买过程中受到物价的牵制，价格差异影响购买力水平，使名义收入与生活水平之间存在偏差。价格差距越大，收入水平和实际生活水平的差距就越大。

（二）消除地区之间物价的差别，将名义收入转换为实际收入

决定一个地区居民实际生活水平的主要因素有两项，一是收入水平，二是价格水平（江小涓、李辉，2005）。居民生活水平与收入水平成正比，与价格水平成反比。据此可以构建函数：

$$F(z) = f(zx_1, zx_2, \cdots, zx_m) / g(zy_1, zy_2, \cdots, zy_n) \qquad (3-3)$$

其中，$F(z)$ 为地区 z 的实际收入，$f(zx)$ 为地区 z 的名义收入，$g(zy)$ 是地区 z 的物价函数，即购买力平价指数，反映在地区 z 的生活成本，（zx_1, zx_2, $\cdots$, zx_m）为影响名义收入的因素集，（zy_1, zy_2, $\cdots$, zy_n）为影响物价水平的因素集。

购买过程中价格差异使名义收入的高低不能真实地反映生活水平，用价格因素消除货币收入的偏差，才能够反映地区实际生活水平。

三、从生产到居民生活的区域发展均衡模型

我国经济由高速增长阶段转向高质量发展阶段，对区域协调发展也提出了新的要求，如何在区域平衡发展中兼顾效率和公平仍然是重大课题。新时代区域协

调发展战略的含义是要实现基本公共服务均等化、基础设施通达程度比较均衡，最终实现人民生活水平大体相当，人民生活水平的平衡增长是中国经济均衡、协调和可持续发展的重要目标之一。在全面建成小康社会的基础上，大力推动高质量发展，普遍提高城乡居民收入水平，逐步缩小分配差距，也是新时代全面建成社会主义现代化强国、最终实现共同富裕的要求和目标。

（一）生产层面的区域发展难以实现均衡

世界各国发展的规律以及近年来的较多研究都表明，由于区域发展条件的客观差异，绝对的区域经济发展水平的均衡是不存在的，即使区域发展进入了相对稳定的状态，不同区域间的经济水平依然可能存在差距（樊杰，2014）。采用人均 GDP 或者人均收入衡量的生产层面的区域发展均衡是难以实现的，即：

$$\frac{D_{i1'}}{p_i} \neq \frac{D_{j1'}}{p_j} \tag{3-4}$$

式中，$D_{i1'}$ 或 $D_{j1'}$ 表示地区 i 和 j 的经济发展效益，p_i 和 p_j 分别为当地人口总量。

"看不见的手"不能确保公平地分配经济成果（曼昆，2001），生产层面的不均衡，导致区域发展差距的不断扩大，带来了一系列的经济社会问题。这时就需要"看得见的手"——政府调控来发挥改善市场结果的作用。通过制定公共政策（财政转移支付、基本公共服务均等化、环境保护、福利制度等），实现更平等的经济福利分配。就这个问题，樊杰早在 2007 年就提出了"效率与公平"的双重目标的区域发展综合均衡模型，并且在后续的研究中不断对模型进行修正和深化，形成了比较成熟的基于生产—分配—消费立体系统的"立体区域经济均衡模型"，以及基于经济—生态—社会综合效益的"区域发展综合均衡模型"（樊杰，2007，2013；Fan et al.，2012）。区域协调发展政策的目标应该是地区间生活水平趋同（刘修岩，2014）、人均收入均衡（陆铭等，2019），而非经济总量的均衡。

（二）从生产层面的均衡到居民生活层面的均衡

区域发展差距在传统上多被表达为区域"经济发展水平"的差距，通常使用的是人均 GDP 等生产层面的名义指标进行测度，但是人们真正感受到的经济发展水平差距，最直接的是民生质量的差距（樊杰，2013）。从生产层面到居民生活层面，还需要经过收入分配、消费等环节，居民的实际收入水平受到政府财政的收入分配、地区物价水平等多重影响。

受到各地区购买力差异（即物价水平差异）的影响，名义收入的高低不能真实地反映生活水平。引入物价指数 r（即购买力平价指数）消除货币名义收入的偏差，将名义收入转换为实际收入。地区 i、j 的实际收入分别为：

$$R_i{}' = r_i \times \frac{D_{i1'}}{p_i} ; \ R_j{}' = r_j \times \frac{D_{j1'}}{p_j} \qquad （3-5）$$

政府在对欠发达地区进行财政转移支付时，应该考察不同地区的实际收入，根据实际收入 $R_i{}'$ 和 $R_j{}'$ 的差距，调整二次分配。通过财政转移支付改变生产层面蛋糕的分割。如果说将发达地区人们的收入拿出 $\Delta 1$ 转移给相对落后地区，落后地区的居民收入会增加 $\Delta 1$。通过合理的二次分配和财政转移支付，地区间实际收入的差距将会比生产层面的经济水平的差距要小，这是一种居民消费层面（即生活层面）的均衡（见图 3-2）。

$$r_i \times \frac{D_{i1'}}{p_i} - \Delta 1 \approx r_j \times \frac{D_{j1'}}{p_j} + \Delta 1 \qquad （3-6）$$

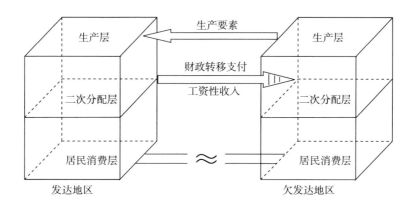

图 3-2　区域发展的空间均衡模型

在工业化和城镇化快速推进时期，人均 GDP 代表的区域经济发展差距的扩大是必然趋势（陆大道，2003；Fan et al.，2012）。但仍然可以通过分配环节实现缩小居民实际收入的差距，欠发达地区的实际收入可以通过上级政府的转移支付、相对较低的物价水平等得到提升，而发达地区的实际收入可以通过税收、较高的物价得到合理的调节，使生产层面差距很大的地区在居民生活层面的差距得以缩小。

综合上述分析，物价指数 r 不仅对各地区居民的实际收入产生影响，也是政府的财政转移支付的重要参考依据。区域发展均衡追求的目标并不是不同地区间经济发展水平或者收入水平的均衡，而是实际收入的均衡：

$$F（z_{max}）-F（z_{min}）\infty 0 \qquad\qquad (3-7)$$

第二节　我国地区购买力差异的初步判断

上一节中对名义收入和实际收入的差异进行了理论层面的分析，本节则从实证的角度，以 1978~2016 年我国 31 个省份（不含港澳台地区）为研究单元，对我国各省份之间的物价水平差异情况进行初步分析和判断。

一、地区之间物价水平差异的初步判断

居民消费价格指数（Consumer Price Index，CPI）是反映一定时期内，人们购买的生活消费品和服务的价格变动程度和趋势，一般以上年为基期[①]，CPI 上涨意味着等额货币能够购买到的消费品和服务的数量减少，即货币购买力的下降。CPI 变动的不一致必然会导致各个地区的物价变动出现差异，因此通过该指数可以观察和分析消费品的零售价格和服务项目价格的变动情况。

---

① 资料来源：《中国统计年鉴》（2016）。

计划经济体制时期，价格由政府统一制定并强制施行，虽然各地区经济发展程度不相同，但同一商品在各地区的价格差异却不大，因此可以假设在改革开放之前我国各地区的物价水平是相对一致的。改革开放以来，政府逐步放松了对价格的管制，大部分商品的价格管制被取消（只对那些对国计民生有重要意义的商品或服务进行管制），绝大部分商品价格逐渐由市场供求决定，各地区的价格开始出现了不同程度的变化。因此，假设1978年各地区的物价水平为1，之后各个年份的CPI累计值，可以在一定程度上反映不同地区的"相对物价"水平。以1978年的物价为基期，分别计算了1980年、1990年、2000年、2010年和2016年的CPI累计值（见图3-3）。

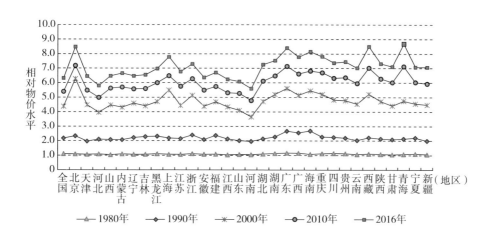

图 3-3　用 CPI 累计估算的相对物价水平

　　改革开放以来我国各省份的物价出现了不同程度的上扬。1980年各省份的物价水平总体平稳，相对物价最高的广东省是最低的江西省的1.13倍；1990年起各省份物价的差异逐步显现，主要表现在东南沿海的省份的相对物价高于全国其他地区，如广东、海南、浙江、福建等，其中，相对物价最高的广东省是最低的河南省的1.36倍；到2000年各省份的相对物价出现了较大的差异，北京、上海、西藏等省份物价水平上涨较快，北京市成为全国相对物价最高的地区，其值为物价最低的河南省的1.71倍。20世纪90年代物价已经高于其他地区的广东、海南、浙江等省份相对物价水平也持续偏高；2016 年，各省份相对物价水平的变化与 2010 年基本保持一致，相对物价水平高的地区物价仍然高，相对物价水平低的地区物价依然低，这期间西藏和青海的物价水平上涨较快，达到与北京、上海、广东、海南同等的水平。地区之间物价的差别有所缓和，最大值与最小值的比值缩小到了 1.51，但是区域价格存在差异的现象仍然普遍存在。

对相对物价水平的检验表明，在统一的货币制度下，省份之间物价上涨的程度不同，不同地区之间的相对物价差异普遍存在，人民币在不同地区的购买力不同，也就是说我国内部地区间的购买力平价是成立的。

二、物价差异对不同省份实际收入的影响

利用 2016 年的城镇居民家庭人均可支配收入与同期相对物价水平进行比对，发现收入水平与物价水平增长是不同步的，并非经济发展水平越高的地区物价越高（见图 3-4），各省份之间存在收入和物价的双重地域性差异。有的地区收入水平与物价水平相对一致，如北京、上海、广东、浙江等收入高、物价也高；河北、山西、河南、江西等省份收入低，物价也低。然而也有一些省份收入水平低于全国平均值，相对物价水平却在全国平均之上，最显著的是海南、西藏、青海、安徽等。

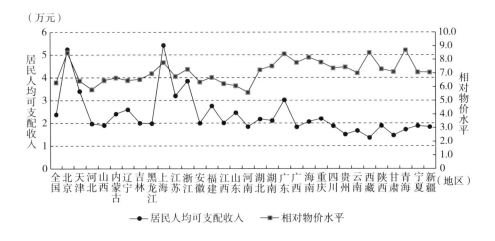

图 3-4　2016 年各省份城镇居民收入与相对物价水平

这种收入水平与物价水平的错位现象，会导致不同地区的名义收入存在被高估或低估的可能性。"收入高-物价低"的区域的居民收入高、能买到的商品或服务更多，名义收入水平显然是被低估了的。而"收入低-物价高"的区域本来就低的收入能买到的商品或服务更有限，其名义收入被高估了。如果一个地区的货币长期处于一种高估或者低估的状态，进而在此基础上计算得来的基尼系数、变异系数等反映区域发展差异的统计指标也将在一定程度上失真，那么就无法用来正确衡量一个国家或者一个地区的实际经济发展情况。因此，比较地区间居民收入差距时不能通过简单的名义数据比较，而需要考虑人民币在各地区的实际购买力。用购买力平价指数消除物价水平对名义收入造成的偏差，才是地区间真实的收入差距。

第三节　物价差异的影响因素分析

在日常经济中，大多数物品的价格倾向于一直上升，这种物价总水平的上升被称为通货膨胀（曼昆，2001），CPI 的变动百分比是衡量通货膨胀率的指标。根据基础经济学理论，超额发行货币导致通胀，货币供给的波动会直接导致商品或服务的价格波动，然而物价水平总是会调整到货币的需求与供给水平相当。我国的人民币由中国人民银行统一发行，不同区域之间物价的差异并不是地区发行货币供给造成的，那么，造成我国物价水平地区差异的因素是什么呢？

一、价格的形成机制

O'Connell 和 Wei（2002）对不同地区的价格差异做了大量的研究，假定所有商品包括可贸易和不可贸易的部分。借鉴 O'Connell 和 Wei 的研究视角，认为区域 i 的某种商品或服务的价格由式（3-8）决定：

$$p_i = \alpha_i \beta_i w_i^{\gamma_i} q_i^{(1-\gamma_i)} \tag{3-8}$$

式中，α_i 表示生产品的技术，是指由于自然条件引起的禀赋差距，以及发展历史、行政政策等因素的积累，使一个地区的技术水平对于价格的影响持续存在，尤其是一些本地生产的产品。β_i 是指商品利润。q_i 是指中间投入中可贸易的部分，是影响价格的主要因素，由于市场摩擦客观存在，交易成本导致地区间物价差异存在且难以消除。交易成本导致一种商品在两地的价格在一个范围内上下波动（藤田昌久等，2011）。w_i 是指中间投入中不可贸易的部分，包括无法存在套利行为的投入，例如，劳动力投入。虽然劳动力可以流动，但是由于居住、家庭、户籍等各种现实因素的限制，劳动力的流动也不是完全自由的，而是受到很大的限制。不同类型的商品中技术、利润、可贸易与不可贸易的投入成本这些因素所占比重不同，导致商品价格的差异。

二、物价水平差异的影响因素

由投入成本价格与利润之和构成的价格，是商品的"生产价格"；在一定的经济发展和技术水平下进行商品生产，产品通过中间的运输供给到不同的区域，人们根据自己的需求选择性购买商品或服务，这时支付的是"市场价格"。自然资源、技术水平、运输成本、劳动力成本、套利行为、消费者偏好、本地市场结构、制度背景等因素对市场价格的形成均有影响。

上述决定不同地区物价水平差异的因素可以归纳为三个层面：一是商品的生产价格和它的自身属性，主要包括生产商品的投入、技术水平、利润以及商品本身的可贸易性等；二是市场上该商品的供需状况，在竞争性市场上，价格是由供给和需求共同决定的，影响因素包括人们的收入水平、消费偏好、商品的可替代性、本地市场结构、产品的多样性等；三是从商品到消费者的交易成本，影响交易成本的因素包括市场完善度、地理区位、交通成本等。而经济发展水平是生产和消费活动的基础，利润、技术水平、收入水平、市场完善度等都是经济发展水平的表现，因此物价水平深受经济发展水平的影响，多种因素的共同作用也可能导致物价水平与经济发展水平的不一致。

商品的内生属性（生产价格）、供给与需求、交易成本，不同区域之间不论哪个层面的因素有差异，都可能导致商品最终的市场价格的差异。三个层面的因素在经济发展水平的作用下相互影响、相互制约，形成某商品或服务的市场价格（见图3-5）。

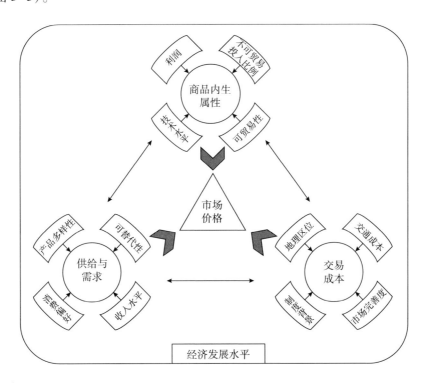

图3-5　物价水平的影响因素关系

第四节　地区购买力差异及其影响的分析框架

一、研究框架

根据上文的分析，不论是理论角度还是实证角度，名义收入都不能反映居民的实际生活水平。购买过程中的物价水平差异，使不同地区的名义收入在反映真实生活水平时存在被高估或低估的现象，无法正确衡量一个国家或地区区域发展情况。本章第二节中对省份间物价差异的分析只是对地区购买力差异的初步研究和判断，不能反映是哪些商品或服务在地区间存在差别，省级研究单元也难以反映全国各个地区的购买力差异。因为各个地区的价格水平不同，特别是一些在地区间不可流动和不可贸易的商品或服务（如房地产、教育、医疗、家政服务、餐饮服务等），其价格差异很大，有些可以达到数倍以上，因此应该分类对商品或服务进行选择，直接采用商品或服务的价格进行测度。区域购买力差异的研究应根据代表性的商品或服务的价格，计算不同地区的购买力平价指数，并用购买力平价指数消除价格因素的影响，将名义收入转换为实际收入，能够准确测度不同地区生活水平的差距，研究框架如图3-6所示。

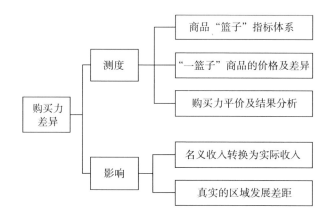

图 3-6　购买力差异测度与影响的研究框架

二、研究流程

基于图3-6的研究框架，计算不同城市的购买力平价指数，研究购买力差异及其对区域发展差距的影响，需要遵循的研究流程如下：

（1）第一步：固定"篮子"。生活中有千万种商品与服务的价格数据，如何选择有代表性的商品或服务是研究的关键内容。普通消费者所购买的所有商品或服务的物价数据难以全部获取，也并非每种商品都对购买力差异有影响，因此要对商品或服务进行分类遴选，选出对普通消费者最重要并且具有差别性的商品。

（2）第二步：确定权重。不同地区的居民对每一类商品或服务的需求不同，如果对蔬菜、水果的需要比粮食多，那么蔬菜、水果的价格就比粮食的价格重要，在衡量生活费用时就应该加大蔬菜、水果的权重，因此不同地区的不同商品或服务应该有各自的权重。

（3）第三步：找出价格。通过统计数据、网络挖掘以及实地调查的方式，找出同一时点上"篮子"中每种商品或服务的价格。这一步还要对每一类商品与服务在地区间的差异进行分析，为购买力平价做好准备。

（4）第四步：进行平价。根据购买力平价理论，构建本书的购买力平价指数测度方法，将价格和权重数据应用模型计算即可得出平价结果——购买力平价指数。对不同地区购买力差异特征进行分析，并分析商品或服务对购买力的差异的贡献度大小。

（5）第五步：修正差距。利用购买力平价指数，将名义收入转化为实际收入，将"用名义收入测度的区域发展差距"和"用实际收入进行测度的区域发展差距"进行大小的比较和类型的划分。

本章小结

本章对居民生活水平、收入水平、物价水平三者的关系进行了理论分析，基于地区购买力存在差异、缩小实际收入差距的视角，完善了以共同富裕为导向的区域发展均衡模型。应用 1978~2016 年居民消费价格指数（CPI）数据，对省份之间物价水平差异及其对名义收入的影响进行了初步的实证分析，表明物价与收入存在双重地域差异，名义收入无法反映真实的生活水平。进一步地从价格的形成机制出发，从经济发展水平、商品生产价格、供需关系以及交易成本四个层面，探讨了各地区人民币实际购买力差异的影响因素。在理论、实证、因素分析的基础上，设计研究框架和研究流程，测度地区购买力差异及其对区域发展差距的影响。

第四章

地区购买力差异的测度 指标与模型方法

如何选出具有代表性的商品或服务及其权重，确定商品"篮子"，使其能够最大程度地反映居民的日常生活消费，是进行购买力差异研究的关键环节。本章将借鉴现有研究中指标选取与权重测算的经验，以城镇居民消费支出结构为基础，探讨对民生质量影响显著的商品或服务指标，确定参与购买力平价模型的指标体系及指标权重。指标体系确定之后，构建了购买力平价指数计算（即地区价格指数）的模型方法，并对购买力差异研究应用的其他模型方法进行介绍，包括对单项比价及购买力平价指数空间分异格局的探索性空间分析法、趋势分析法，探索价格影响因素的多元回归模型等，为后文的研究提供方法支撑与借鉴。

第一节　指标选取的借鉴和依据

"一篮子"商品的选取以国家统计局关于城镇家庭消费支出的分类、居民消费价格指数的商品或服务分类为基础，借鉴相关研究中指标选取与权重测算的经验和不足，确定指标选取的原则。其中，指标是指某一项具体的商品或服务。

一、统计中的商品或服务分类

（一）城镇居民家庭现金消费支出分类

国家统计局专门制定了《城镇居民收支数据调查方法》，力求科学准确地反映和衡量城镇居民及家庭的收支水平、收入来源、消费结构。[①] 城镇住户调查的

---

① 资料来源：国家统计局公告，2013 年。

统计调查单位是居住在城镇的常住户①，采用住宅框选取调查样本。被抽中调查户的所有常住人口的收支均需参与记账，每个月上报。居民消费性支出是指调查户用于本家庭日常生活的全部支出，根据国家统计局公布的《中国统计年鉴》（2013）中居民消费性支出的分类，居民消费分为食品、衣着、居住各大类、粮食等各中类（见表4-1），分别统计各项分类支出的金额。

表4-1　城镇居民家庭现金消费支出分类

大类	中类	大类	中类
食品	粮食	衣着	服装
	淀粉及薯类		衣着材料
	干豆类及豆制品		鞋类
	油脂类		衣着加工服务费
	肉禽及制品	居住	住房
	蛋类		水电燃料
	水产品类	家庭设备及用品	耐用消费品
	蔬菜类		室内装饰品
	调味品		床上用品
	糖类		家庭日用杂品
	烟草类		家具材料
	酒和饮料		家庭服务

---

① 城镇范围是指按国家统计局《统计上划分城乡的规定》确定的城区和镇区。城镇居民家庭包括户口在本地区的常住住户和户口在外地、居住在本地区半年以上的住户，包括单身户和一些具有固定住宅的流动人口。

大类	中类	大类	中类
食品	干鲜瓜果类	交通通信	交通
	糕点类		通信
	奶及奶制品	文教娱乐	文化娱乐用品
	其他食品		教育
	在外用餐		文化娱乐服务
	食品加工服务费	医疗保健	—
—		其他	其他商品、其他服务

（二）居民消费价格指数的商品或服务分类

消费价格指数（CPI），是反映城乡居民家庭购买并用于日常生活消费的"一篮子"商品或服务项目价格水平随时间而变动的相对数，在一定程度上反映了通货膨胀（或紧缩）的程度。[①] CPI 是在居民消费价格统计的基础上编制计算出来的，国家统计局根据全国城乡居民家庭消费支出的抽样调查资料，统一确定用于计算 CPI 的商品或服务的类别，包括食品、烟酒及用品、衣着、家庭设备用品及维修服务、医疗保健和个人用品、交通通信、娱乐教育文化用品及服务、居住等各大类、中类、基本分类（见表 4-2）。CPI 计算篮子统计的是居民消费的价格，用以计算不同时期物价水平的变动。

---

① 资料来源：国家统计局，2011 年。

表4-2 居民消费价格指数（CPI）计算"篮子"

大类	中类	基本分类	大类	中类	基本分类
食品	粮食	大米	家庭设备用品及维修服务		家庭日用杂品
		面粉			家庭服务及加工维修服务
		淀粉及制品	医疗保健及个人用品	医疗保健	医疗器具及用品
		干豆类及豆制品			中药材及中成药
		油脂			西药
		肉禽及其制品			保健器具及用品
		蛋			医疗保健服务
		水产品		个人用品及服务	化妆美容用品
		菜			清洁化妆用品
		调味品			个人饰品
		糖			个人服务
	茶及饮料	茶叶	交通通信	交通	交通工具
		饮料			车用燃料及零配件
		干鲜瓜果			车辆使用及维修费
		糕点饼干面包			市区公共交通费
		液体乳及乳制品			城市间交通费
		在外用膳食品		通信	通信工具
		其他食品			通信服务
烟酒及用品		烟草	娱乐教育文化用品及服务		文娱用耐用消费品及服务
		酒		教育	教育及参考书
衣着		服装			教育服务
		衣着材料		文化娱乐	文化娱乐用品
		鞋袜帽			书报杂志
		衣着加工服务			文娱费
家庭设备用品及维修服务		耐用消费品	居住		旅游
		家具			建房及装修材料
		家庭设备			住房租金
		室内装饰品			自有住房
		床上用品			水电燃料

CPI 计算"篮子"的具体内容为①：

Ⅰ. 食品（包括粮食、肉禽及其制品、蛋等）。

Ⅱ. 烟酒及用品（包括烟草、酒 2 个中类）。

Ⅲ. 衣着（包括服装、衣着材料、鞋帽袜、衣着加工服务共 4 个中类）。

Ⅳ. 家庭设备用品及维修服务（包括耐用消费品、家具、家庭设备、室内装饰品、床上用品、家庭日用杂品、家庭服务和加工维修服务共 7 个中类）。

Ⅴ. 医疗保健及个人用品（包括医疗保健、个人用品及服务 2 个中类）。

Ⅵ. 交通通信（包括交通和通信 2 个中类）。

Ⅶ. 娱乐教育文化用品及服务（包括文娱用耐用消费品及服务、教育、文化娱乐、旅游 4 个中类）。

Ⅷ. 居住（包括建房及装修材料、住房租金、自有住房和水电燃料 4 个中类）。

2016 年，国家统计局根据五年一次的基期轮换规则，对 CPI 分类及权重进行了调整，八大类中"食品"与"烟酒"合并为"食品烟酒"，并增加"其他用品和服务"一项。2021 年最新的调整为，调查分类目录大类保持不变，仍为八个大类，基本分类从 262 个增加至 268 个，在对部分消费项目删减、合并的基础上，增加了外卖、母婴护理服务、新能源小汽车、可穿戴智能设备、网约车费用等新兴商品或服务。

可见，目前统计调查部门定期编制和发布的 CPI 计算"篮子"涵盖了整个生活消费支出的方方面面，CPI 指数可以反映全社会居民家庭购买的商品或服务项目价格总体水平的变动趋势。

比较表 4-1、表 4-2，可见两种分类方法有一定的相似性，都是将居民消费分为八大类，差别在于 CPI 计算"篮子"将烟酒单独作为一个大类进行统计，而居民消费性支出分类将其并入了食品大类中。总体而言，CPI 的统计更加细致

---

① 资料来源：国家统计局，2014 年调查数据。

全面，因此本书的指标选取在 CPI 的计算"篮子"中进行判别的选择，居民消费性支出统计的是支出的金额，据此可以计算居民的消费结构，作为确定权重的依据。

二、相关研究的经验借鉴

国内购买力差异的现有研究指标体系也多从居民消费结构的分类出发，但是受制于数据和研究视角等因素，在商品"篮子"选取、研究尺度、指标权重分析等方面均存在一定的不足。

（一）商品"篮子"

目前对我国地区间价格差异的相关研究，在代表性指标的选取方面，主要是参考居民消费支出的八大类指标体系，在八大类体系中选取具体的代表性商品或服务（余芳东，2006；江小涓、李辉，2005）。相关研究对这八大类商品或服务的亚类和代表性商品的分析不足，选择具有较强的随机性和随意性，代表性商品是如何进行选取的也鲜有涉及，因此挑选出的指标的代表性有待提高。

（二）研究尺度

由于价格数据获取的限制，目前购买力差异的相关研究多以 30 个省会城市、36 个大城市或省份为研究对象，对大样本城市案例的研究较少，尤其是对三线城市的研究相对空白（王洋等，2013）。如行伟波和李善同（2010）对地区价格差异与面板单位根检验的研究中，以 18 个区域中心城市（大多数是省会城市）为研究对象。另外还有诸多研究以 36 个大中城市为研究对象（江小涓、李辉，2005；余芳东，2006；刘发跃、周彬，2014）。也有的研究考虑城市周边区域的影响，如城市所在经济区对购买力差异的影响（田方芳，2010）。

各个地区的价格水平不同，尤其是住房、教育、医疗、餐饮服务等有属地属性、在地区间难以流动和贸易的商品或服务，在一个省内的不同城市之间的价格差异也很大，省级研究单元对地区价格差异反映的精细准确度不高，对全国各个地区的购买力差异研究不够深入。从统计上来讲，用市级单元的物价水平来计算各地区的购买力平价，结果会更准确。

（三）指标权重确定

在指标权重的确定方面，现有研究或者干脆不考虑不同类别的商品的权重问题，直接用七类居民消费支出平均计算购买力（江小涓、李辉，2005），或者直接以居民的消费支出结构为权重，如杜亚书（2006）等的研究，以城镇居民消费门类占 GDP 的比重来作为各亚类商品或服务支出的比重，然而事实上研究表明，居民消费支出占总支出的比重并不能真实地反映居民的消费支出情况（田青等，2008），现有研究对于指标权重的确定还有待改进。

三、指标选取的原则

国家统计局的用于计算 CPI 的商品或服务计算"篮子"是进行"一篮子"商品选择的基础，借鉴国内购买力差异的研究中对商品"篮子"选取及其指标确定的经验和教训，本书在进行"一篮子"商品选取时应遵循的原则为：

（一）代表性

居民消费的商品或服务项目包罗万象、品种繁多、变化多样，因此要在成千上万种商品或服务项目中选取一部分有代表性的，构成能反映居民消费结构的商品"篮子"。指标的代表性是指标选取最为重要的原则，可以从以下四个角度来保证：

（1）区位特性。所选择的商品或服务样本，要能够代表当地的物价水平，尤其是要重视具有区位特点的指标，因为正是这类指标造成了购买力的地区差异。那些在不同地区价格有差异的商品（即指标的区位特性），是应该重视的。

（2）消费偏好。不同商品在不同地区的消费偏好是有差别的。为保证指标在全国各个地区的统一，指标选择的时候应尽量避免选择有明显消费偏好的商品。比如，有些商品全国各地的消费偏好类似，而有另一些商品在不同地区的消费偏好差异非常大，这两类商品在全国各地区的价格差异程度是不同的。

（3）商品或服务的档次。一件外套的价格可以从 100 元到 10 万元不等，同样是理发，有的人会选择普通的理发师而有的人会选择高级的发型师，这其实反映的是社会中不同收入等级的人的需求，不属于本书的研究范畴。在这里我们主要选择与人们的现实生活密切相关的，最普通、最一般的商品或服务。

（4）避免重复计算。每种商品或服务的价格一般只能计算一次，避免相似或可替代商品或服务的重复计算。例如，医疗服务中包含了成百上千种类型的检验、检查，但是我们只能选择少数具有普遍性的检查项目作为代表性项目，而不能选择过多。否则由于加权原因，有可能造成检验检测在类别（医疗服务）购买力平价的偏差。

（二）可比性

"一篮子"商品价格数据的采集需要有统一的商品目录、统一的采价时间，尽量使用统一的数据来源、一致的统计口径，这样才能保证数据之间是可比的。一方面，商品或服务样本的选择必须是各地区有代表性的各类商品或服务，要能真实地反映人们的日常支出结构；另一方面，为保证各地区同种商品或服务的价格数据的完整，必须是各研究单元都有较为齐全数据的样本。那些在较多研究单元有数据缺失的商品只能剔除，否则数据的缺失对平价结果会产生影响。

（三）可获取性

系统性的选取有代表性、可比性的指标，有赖于数据可得性的保障。如果数据难以获取，其他也都是空谈。因此一定要选择通过一定的方法和手段可以获得的数据。另外，指标数据还应便于采集、整理和计算，尽量避免数据中的人为因素造成的误差。

第二节　购买力差异测度指标的选取

依据以上三项原则，以 CPI 计算"篮子"的商品或服务的类别为基础，将这些指标进行再分类，确定购买力差异测度的指标体系。

一、商品或服务的代表性分析

一国经济部门可分解为可贸易部门和不可贸易部门，产品可分解为可贸易品和不可贸易品（余芳东，2013）。根据商品或服务自身的属性，将人们日常生活消费的商品或服务分为三类：

A. 可贸易-可替代商品，指相对而言可以在地区间自由流通的商品，如服装、电器等耐用消费品等工业制品；

B. 可贸易-不可完全替代商品，有些商品虽然可以在城市之间产生贸易和流通，但由于对运输有较高的要求或居民对本地产品的偏好，对本地供应有一定的依赖性，如蔬菜、水果、奶制品等；

C. 不可贸易商品，指无法在地区间自由流通的服务类，如居住、教育、医疗、交通通信等服务。

其中，不可贸易的商品或服务是影响地区价格差异的主要因素，可贸易的商品或服务中不可完全替代的部分，对价格差异的作用与不可贸易品一致。而可贸易的商品或服务中可替代的部分，由于可以在地区间自由流通，在市场机制作用下，这里商品的价格差异相对较小。因此，根据可贸易-可替代、可贸易-不可完全替代、不可贸易的分类方式将国家统计局 CPI 计算"篮子"的 8 大类、48中类商品或服务进行判别和分类（见表4-3）。

表4-3 商品或服务类别判定

商品或服务类别		可贸易-可替代	可贸易-不可完全替代	不可贸易
食品	粮食、淀粉、豆类	★		
	油脂、调味品、糖	★		
	蛋、奶、干鲜瓜果、蔬菜、肉禽		★	
	水产品、茶		★	
	在外用膳食品			★

续表

商品或服务类别			可贸易-可替代	可贸易-不可完全替代	不可贸易
烟酒及用品		烟草	★		
		酒	★		
衣着		服装、衣着材料、鞋袜帽	★		
		衣着加工服务费			★
家庭设备用品及维修服务		耐用消费品、室内装饰品、家庭日用品、床上用品	★		
		家庭服务及加工维修服务费			★
医疗保健和个人用品	医疗保健	医疗器具、保健器具及用品	★		
		药材、医疗保健服务			★
	个人用品及服务	化妆美容、清洁化妆用品、饰品	★		
		个人服务			★
交通通信	交通	交通工具	★		
		市区公共交通费、城市间交通费、车辆使用及维修费			★
	通信	通信工具	★		
		通信服务			★
娱乐教育文化用品及服务		文娱用耐用消费品	★		
		文娱服务			★
	教育	教材及参考书	★		
		教育服务			★
	文化娱乐	文化娱乐用品、书报杂志	★		
		文娱费			★
		旅游			★
居住		建房及装修材料、住房租金、自有住房、水电燃料			★

根据以上判别结果，并将这些指标进行分类分析：

（1）工业产品以及农产品中的粮食等商品，比较容易在不同地区之间流动，不同地区、不同城市之间这类商品的物价差异可能是比较小的。因此，衣着以及食品中的粮食、烟酒可能是地区纸巾盒价格差别最小的两个类别。而食品中的蔬菜、蛋奶、水果、肉禽以及水产等商品，虽然在物流发达的现在能运往全国各地，但是由于保鲜期短等原因，在一定程度上还是受到交通运输的限制，更多依赖本地的供应，这类商品在不同地区之间的价格差别可能会比工业产品、粮食的价格差别大。

（2）与衣着类商品的特征类似，家庭设备用品中的耐用消费品、室内装饰品、家庭日用品、床上用品等都属于工业产品，在网络购物的时代背景下，这类商品在不同地区、不同城市之间价格差别可能不大。家庭服务及加工维修服务费是服务消费的一种，可能存在地区之间的价格差异，但是维修服务费的数据获取十分困难。

（3）居住、交通通信、医疗保健、文化教育等服务消费具有空间属性，在地区间难以流动，这类消费品在不同城市之间价格水平差别明显，可能是构成各个城市价格差距的主要因素。如居住方面的购房/租房费用，医疗方面的住院费、手术费，通信方面的上网拨号费等，地区间差别可能很大。根据中国价格信息网的统计，在医疗服务方面，上海市普通病床每日收费为 40 元，南京市为 25 元，而武汉市为 12 元，郑州市仅为 6 元。

二、购买力差异测度指标体系

根据前文对居民消费涉及的商品或服务的综合研判，食品、居住、交通、通信、文娱、教育、医疗等方面的商品或服务的价格在不同地区之间可能存在明显的差别。据此甄选出可能存在地区间价格差异商品或服务，初步得到购买差异测度的指标体系，即商品"篮子"（见表4-4）。

表 4-4　区域购买力差异测度的指标

大类	中类	大类	中类
食品	蔬菜	公共服务	交通
	肉禽		通信
	蛋奶		医疗
	水果		文娱
	水产品		教育
	油料调味	其他	衣着
居住	住房		家庭设备及用品
	水电燃料		其他商品及服务

指标体系基本囊括了 CPI 计算"篮子"的商品或服务，一定程度上能够代表人们综合消费的物价水平。其中食品、居住和公共服务是影响居民生活消费的核心，需要认真收集具体商品或服务的价格数据。而衣着、家庭设备及用品和其他商品或服务价格，是经前文分析认为其在不同地区间的价格差异并不明显，因此在购买力平价的过程中该类商品或服务按照不同地区价格一致参与计算，不再收集其具体项目的物价数据。指标体系兼顾了商品的代表性、可比性以及价格数据的可获取性。按照上述指标体系的分类，分别收集各地区的商品或服务价格数据，进行购买力平价，计算得出的购买力平价指数能够反映不同地区的综合物价水平。

第三节　购买力差异测度指标权重的确定

人们日常消费的商品或服务多种多样，由于商品或服务的性质不同、使用价值不同，不同类别的商品或服务在人们日常生活消费中占的价值量也不相同。所以，在进行购买力平价计算时，不能把每种商品的价格简单平均后进行比较，而是需要考虑不同类别指标的权重。指标权重决定指标体系的结构，是影响最终的购买力平价结果的一个重要因素，因此每种商品或服务的权重的科学和合理性尤为重要。本书参照 CPI 调整权重，以统计年鉴每年都进行统计的城镇居民消费支出结构为基础，经过调整后最终确定指标权重。

一、消费价格指数（CPI）权重

计算 CPI 所用的权重，是每种商品或服务在居民消费总支出中所占的比重。[①] CPI 权重是根据居民家庭住户调查以及相关统计资料综合整理得出的，必要时还会以典型调查或专家评估等方式进行补充和完善。

按照统计制度规定，国家统计局根据居民消费支出结构的变化，每五年对 CPI 调查分类的权重进行调整。2011 年对 CPI 权重所做的调整（基期为 2011 ~ 2015 年），主要是调整食品、住房的比重，食品降低 2.21%，居住提高 4.22%。本轮的 CPI 构成"篮子"各项权重如图 4-1 所示，就目前 CPI 统计指数来看，食品仍然是最大的支出类别，食品项的权重为 31.79% 左右。有研究指出我国 CPI 食品类权重明显高于世界经济发展阶段较为类似的国家，食品类在 CPI 中所占权重适度调整至 25% 比较合适（王丹、孔里明，2011）。文娱教育权重为 13.75%、医疗保健权重为 9.64%、交通通信比重为 9.95%，随着居民收入水平的提高和消费结构的转变，这些服务类的消费比重还会上升。居住的权重为 17.22%，与食品是占比最大的两类消费支出，所占权重低，而且其基数小。从居住权重来看，2010 年美国居住类权重占到的比重是 42%，加拿大是 36%，国际控制值是 30%（盛来运，2010），2010 年之前我国 CPI 的居住类权重只占到 13% 左右，2011 年调整后居住类权重也仅为 17.22%。这一时期的我国 CPI 权重，总体特点是食品类比重偏高、居住类比重偏低（田青等，2008）。

---

① 资料来源：国家统计局 2013 年数据。

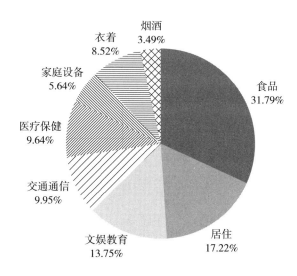

图 4-1 八大类商品或服务的 CPI 权重

CPI 居住类权重偏低，有两个层面的原因：一是由于国民经济核算的需要，CPI 的统计口径需要与国民经济核算体系里对消费的分类一致。目前我国国民经济核算体系只考虑房屋的消费属性，而没有考虑房屋的投资属性。CPI 仅反映与居民消费密切相关的商品及服务项目的价格变动，商品房购买归属为投资行为，并非消费行为，因此现行 CPI 核算中没有将房价纳入核算体系。① 二是住房购买与消费并不同步，购房支出是在短期集中支付大额的货币，购买的对象是可居住的房屋，实际上是用于今后几十年的消费。因此我国的 CPI 统计中没有将房价直接纳入，而是用住房的估算租金、物业管理及维修费等来反映住房消费服务。

之后的两轮 CPI 基期轮换也都对分类权重进行了调整。2016 年的基期轮换中，提高了交通通信、居住类等权重，生活用品及服务权重下降 1.1 个百分点；居住权重、交通通信权重、医疗保健权重分别上升 2.2 个、1.1 个、1.3

---

① 国家统计局 2013 年数据。

个百分点。2021 年 CPI 权重与上轮基期相比权重总体变动不大。其中，食品烟酒、衣着、教育文化娱乐、其他用品及服务权重约比上轮分别下降了 1.2 个、1.7 个、0.5 个和 0.4 个百分点，居住、交通通信、医疗保健权重约比上轮分别上升了 2.1 个、0.9 个和 0.9 个百分点，生活用品及服务权重变动不大。总体表现为食品烟酒等生活用品类权重下降，居住、交通、医疗类权重上升。

二、城镇居民消费支出结构

消费结构是指人们在消费过程中的多种消费资料或劳务的构成或比例关系，可以用各项消费支出在消费总支出中所占比重来表示，是反映居民生活消费质量变化状况以及内在结构合理化程度的重要标志。《中国统计年鉴》每年都对"分地区城镇居民家庭平均每人全年现金消费支出"进行统计，按照 8 大类、37 中类详细地统计了城镇居民在每一类商品或服务项目的消费支出情况。根据 2012 年分类的城镇居民人均消费支出值，将每一项的支出除以总支出，可以得到该项支出在居民消费支出中的比重（见表 4-5）。2012 年全国城镇居民的消费构成为：食品占比 36.23%、衣着占比 10.94%、居住占比 8.90%、家庭设备及用品占比 6.69%、交通通信占比 14.73%、文教娱乐占比 12.20%、医疗保健占比 6.38%、其他占比 3.94%。[①]

居民消费支出结构中居住类比重仅为 8.90%，虽然居民用于居住的支出越来越多，但居住类比重仍然偏低，是由于国家统计局统计的"分地区城镇居民家庭平均每人全年现金消费支出"指家庭用于日常生活的全部现金支出，而大量居民自有住房，生活中没有实际的现金房租，因此居住的比重被低估了。城镇居民的实际购房支出要远高于统计资料中的住房消费支出（田青等，2008）。CPI 权重调整时已经作了调整，将居住比重上调为 17.22%，根据上文的分析，CPI 的居住权重依然是偏低的。

---

① 资料来源：国家统计局 2013 年数据。

表4-5 城镇居民消费支出结构

大类	中类	权重（%）	大类	中类	权重（%）
	粮食	2.75	衣着 （10.94）	鞋类	2.41
	淀粉及薯类	0.32		衣着加工	0.06
	干豆类及豆制品	0.44	居住 （8.90）	住房	2.78
	油脂类	0.97		水电燃料	5.40
	肉禽及制品	7.10	家庭设备及用品 （6.69）	耐用消费品	2.59
	蛋类	0.71		室内装饰品	0.16
	水产品类	2.45		床上用品	0.65
	蔬菜类	3.55		家庭日用杂品	2.76
	调味品	0.46		家具材料	0.07
食品 （36.23）	糖类	0.33		家庭服务	0.47
	烟草类	1.63	交通通信 （14.73）	交通	9.77
	酒和饮料	1.77		通信	4.96
	干鲜瓜果类	3.04	文教娱乐 （12.20）	文化娱乐用品	2.71
	糕点类	0.74		教育	4.92
	奶及奶制品	1.52		文化娱乐服务	4.57
	其他食品	0.56	医疗保健		6.38
	在外用餐	7.89	其他 （3.94）	其他商品	2.64
	食品加工服务费	0.01		其他服务	1.30
衣着 （10.94）	服装	8.07	合 计		100
	衣着材料	0.06	—		

不同地区的居民消费支出结构各有差异，以北京市为例，2012年居民消费支出构成为：食品31.34%、衣着10.97%、家庭设备及用品6.70%、医疗保健6.90%、交通通信15.73%、文教娱乐15.37%、居住8.20%、其他4.80%，食品、居住等多项支出均不同于全国的支出结构（见图4-2），因此要计算分地区

的权重值。

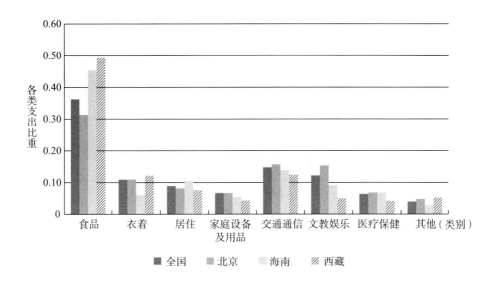

图 4-2　不同地区城镇居民消费支出构成比较

三、购买力平价指标体系的权重设置

（一）居民消费支出结构与 CPI 权重、实际消费支出结构有偏差

CPI 权重根据居民家庭住户调查资料及相关统计资料整理得出，包含的商品或服务种类也更完善，理论上比按"城镇居民家庭平均每人全年现金消费支出"计算的支出结构更接近居民生活现实。但是 CPI 权重值并不完全公开，目前只能获取到八项大类的权重，中类权重未知，更难以获得分地区的权重值。因此，分年度、分地区统计的"城镇居民家庭平均每人全年现金消费支出"是确定指标权重的基础，CPI 权重只能作为权重确定的重要参考。

比较居民消费支出结构与 CPI 权重，发现两者的差异主要表现在居民消费支出结构中食品类比重过高、居住类比重过低、文教和医疗类比重偏低（见表4-6）。

表 4-6　居民消费支出结构与 CPI 权重对比

消费支出结构		CPI 权重		差值
类别	百分比（%）	类别	百分比（%）	
食品	36.23	食品	31.79	4.44
衣着	10.94	衣着	8.52	2.42
居住	8.90	居住	17.22	-8.32
家庭设备及用品	6.69	家庭设备及用品	5.64	1.05
交通通信	14.73	交通通信	9.95	4.78
文教娱乐	12.20	文教娱乐	13.75	-1.55
医疗保健	6.38	医疗保健	9.64	-3.26

居民消费支出结构是一个动态变化的过程，改革开放以来，食品支出所占比重从过去的超过 80% 已经下降到目前的 36% 左右，仍然比 CPI 中食品类的权重高出 4.4 个百分点。而在居民生活中影响越来越大的居住类比重比 CPI 居住权重低 8.3 个百分点。文教娱乐、医疗保健的比重也明显低于 CPI 权重。相关研究也表明，居住类消费、教育及医疗消费在居民生活中的比重应该更大（田青等，2008）。

居民支出结构与 CPI 权重存在偏差的同时，CPI 权重本身又存在食品类权重偏高、居住类权重偏低的问题，这样一来居民消费支出结构中食品类的比重和居住类的权重与真实支出结构的差距更大。

（二）通过权重调整得到购买力平价的指标权重

由于居民消费结构中食品类比重过高、居住类比重过低、教育医疗等服务类比重偏低，因此下调食品类比重，适当提高居住、教育、医疗等服务类比重，并且将购房价格纳入到购买力平价的计算中，能够最终确定的指标权重更符合居民生活的现实，更准确地反映我国物价变动状况。根据消费支出结构与 CPI 的权重差异，将居住比重上调 9 个百分点、医疗比重上调 2 个百分点、教育比重上调 1 个百分点。相应地下调食品、衣着、交通通信、家庭设备及用品和其他类比重，食品比重下调 5 个百分点、交通通信和衣着比重分别下调 2 个百分点、家庭设备及用品比重下调 1 个百分点、其他下调 2 个百分点。

将 2012 年我国城镇居民家庭消费支出结构，按照上述方法进行调整，得出购买差异测度的指标权重（见表 4-7）。各类指标的权重分别为食品 31.23%、居住 17.90%、交通通信 12.73%、文娱教育 13.20%、医疗 8.38%、衣着 8.94%、家庭设备及用品 5.69%、其他商品及服务 1.93%。其中，食品权重略低于 CPI 食品权重，居住比重略高于 CPI 居住权重，调整后的比重更加接近于 CPI 权重和现实生活消费支出状况，以此作为后文进行购买力平价计算时各类商品或服务的权重。

表 4-7　购买力差异测度指标的权重

大类	中类	权重（%）	大类	中类	权重（%）
食品	蔬菜	3.48	公共服务	交通	8.72
	肉禽	7.29		通信	4.01
	蛋奶	2.31		医疗	8.38
	水果	2.96		文娱	5.88
	水产品	2.33		教育	7.32
	油料调味	1.45	其他	衣着	8.94
	其他食品	11.41		家庭设备及用品	5.69
居住	住房	13.92		其他商品及服务	1.93
	水电燃料	3.98	合计		100

受地区居民消费水平、自然条件、地理位置、气候特征以及文化传统等因素的影响，不同地区的消费结构差异较大，各种商品或服务的权重也有差别。因此对指标权重进行调整对不同地区应有所区别，根据不同地区的居民消费支出结构，分别按上述调整方式进行调整，提高居住类比重，相应地降低食品及其他类别的比重。各项消费支出权重不同的地区，居民日常生活受到价格差异的影响不同，由于住房和服务类消费的价格往往差异较大，这类消费所占比重越高的地区，居民实际收入受价格的影响越明显。

食品、住房、医疗、教育等都是居民消费支出的重要方面，在居民生活中产生的影响也有差别，应该对其分别进行单项的分析和研究。综合考虑指标体系和指标权重的结构，将第二节中选取的指标体系表达方式调整为9个一级分类（见表4-8）。又选取了相应的二级指标构成一级指标，二级指标下则需要选取代表性的规格品，收集具体的商品或服务项目的价格。根据表4-7，4个一级指标均有各自的权重，食品类下属的二级分类有各自权重，其他由于数据限制二级分类没有设置权重。

表4-8　购买力差异测度的一级指标和二级指标分类

一级分类	二级分类	一级分类	二级分类
食品	蔬菜	通信	固定电话
	肉禽		移动电话
	蛋奶		宽带上网
	水果	医疗	挂号诊疗费
	水产品		检查检验费
	油料调味		手术费
住房	房价		床位费
水电燃料	水	文娱	文娱服务
	电	教育	学前教育
	天然气		中学教育
交通	市区交通		高等教育
	长途汽车客运	其他商品或服务	

第四节　购买力差异综合测度的模型方法

一、购买力平价指数测度的模型方法——购买力平价

购买力平价理论是一种货币换算率，该理论最先在国家之间的汇率验证研究

中得到应用，广泛应用在国际经济研究中。借鉴购买力平价的理论，运用"篮子"成本法测度实际收入。本书以购买力平价理论为基础，综合利用"一篮子"商品的价格数据和社会经济统计数据，运用"篮子"成本法，综合测度各区域的购买力平价指数，并将名义收入转换为实际收入。

计算地区间的物价水平差异的方法总体来看分为以下两种思路：一是比较任意两个地区之间同种商品或服务的相对价格；二是选取基准地区，然后用其他地区的商品或服务价格与基准地区价格进行比较，得到某一产品在某一地区的相对价格。根据相关研究结论，两种方法计算得到的价格差异和变化趋势相似，对分析结果的影响较弱（行伟波、李善同，2010）。为更直观地反映城市购买能力的高低，本书选取第二种思路进行计算，选取物价水平相对中等的西安市为基准城市，用其他城市的某种商品或服务的价格与西安市的价格之比为城市间该商品或服务的比价，对具体商品或服务的比价进行加权平均计算。

参考 ICP 的购买力平价计算方法，地区购买力平价的计算过程为：

（一）计算基本分类的商品或服务的相对价格

收集到的"一篮子"商品或服务的价格数据为基本分类数据，每个二级分类都包括多个基本分类的商品或服务，我们需要计算每一项基本分类的商品或服务的比价。以西安市的价格为基数，分别计算其他城市的每一项商品或服务相对于西安市的价格水平。用公式表示为：

$$P_{jk}' = P_{jk} / P_{Bk} \qquad (4-1)$$

式中，j 表示城市编号，$j = 1，2，\cdots，R$（R 表示地区个数），k 表示二级分类中包含的商品或服务项目数。P_{jk} 表示城市 j 的第 k 项商品或服务价格，而 P_{Bk} 表示基准地区第 k 项代表性商品或服务的价格。两者之比 P_{jk}' 即城市 j 的某项商品或服务相对于基准地区的比价，西安市的该项相对价格为 1。依次类推，计算所有地区每一个基本分类的比价。

（二）计算各一级分类商品或服务的相对价格

在上一步计算得出的各城市基本分类的商品或服务的相对价格基础上，汇总计算一级分类指标的水平。在进行一级指标的平价时，我们要考虑到不同商品的权重问题。居民一年中用在出租车上的消费支出和公交费用的支出不太可能相等，两者权重应该不同。根据指标权重的设置，食品大类下属的亚类有分别的权重值，所以食品类的单项比价采用加权平均法计算。

$$S_{1j} = (w_1 P_{j1}' \times w_2 P_{j2}' \times \cdots \times w_k P_{jk}') \qquad (4-2)$$

式中，S_{1j} 表示第 j 个地区食品支出的单项比价，w 表示食品类下属的蔬菜、水果、肉禽、蛋奶等二级指标的权重。

除食品类之外的其他大类没有亚类的分项权重，如城镇居民消费医疗支出中诊疗费和检查费的比例分配难以取得，通常采用几何平均方法计算（余芳东，2006），用公式表示如下：

$$S_{ij} = (P_{j1}' \times P_{j2}' \times \cdots \times P_{jk}')^{1/k} \qquad (4-3)$$

式中，i 表示除食品之外的一级分类住房、水电燃料、交通、通信、医疗、教育、文娱七项支出分类，S_{ij} 表示第 j 个地区第 i 项支出分类的单项比价，八大类的单项比价综合计算构成购买力平价指数。同上，k 表示第 i 项支出分类所选择的代表规格品数目。到这里形成了其他城市相对于西安市的一级指标（大类）的相对价格数据。

（三）计算地区间居民消费的综合比价——购买力平价指数

在一级分类计算结果的基础上，汇总计算地区 j 相对于基准城市西安市的相对价格，通常采用的是加权平均的方法（余芳东，2006）。与计算各一级不同类别指标的相对价格水平的不同之处在于各项有了权重，对每类商品或服务项目进行加权平均求和，即可得到总的购买力平价。用公式表示如下：

$$S_j = \sum_{i=1}^{n} S_{ij} \times W_{ij} \qquad (4-4)$$

$$W_{ij} = \frac{q_{ij}}{\sum q_{ij}} \qquad (4-5)$$

式中，S_j 表示地区 j 的购买力平价指数，W_{ij} 表示地区 j 的第 i 项消费支出占总出的比重。购买力平价是对各亚类支出购买力平价的加权平均，权重是各亚类支出在各地区居民消费支出中的比重。

$$L = \sum_{i=1}^{m} (P_a/P_b)_i \times (W_{bi\alpha} + W_{bi\beta}) \tag{4-6}$$

$$P = \Big[\sum_{i=1}^{m} (P_b/P_a)_i \times (W_{ai\alpha} + W_{ai\beta}) \Big]^{-1} \tag{4-7}$$

$$S_j = PPI = (L \times P)^{1/2} \tag{4-8}$$

通过购买力平价的计算，得出"一篮子"商品或服务在不同地区的相对价格，称为购买力平价指数（地区 PPP），即地区价格指数，指数值反映不同地区的人民币购买力。地区价格指数越大，说明该城市物价水平较高，货币购买力较低；反之亦反。

从计算方法上也可以看出，CPI 相当于时间上的消费价格指数，而地区 PPP 是一种空间上的消费价格指数。

二、价格差异影响因素的定量分析方法

第三章从理论层面分析了物价差异的影响因素，由于物价受多种因素共同影响，对于价格影响因素分析往往需要建立相应的多元回归模型，通过各个回归系数来判断相应影响因素对价格的影响程度。本书着重对价格差异大、对居民生活影响大的房价，进行影响因素的定量分析。为研究经济结构的影响因素及其相互关联，钱纳里和赛尔昆在《发展的型式 1950—1970》（1988）一书中，提出半对数回归方程，该模型被广泛应用于经济发展和产业结构的影响因素研究（孙晓华、王昀，2013），也是房价差异影响因素的分析中最常用的方法之一（郭斌，2010；王洋等，2013）。本书采用半对数模型分析各种商品或服务价格的影响因素。该模型可表示为：

$$\ln P = a_0 + a_1 x_1 + a_2 x_2 + \cdots + a_n x_n \tag{4-9}$$

式中，P 为房价，x_1、x_2、$\cdots$、x_n 分别表示各项影响因素的得分，a_1、a_2、$\cdots$、a_n 分别表示各影响因素的回归系数，a_0 为截距。该模型可以表明，在其他因素不变的情况下每个因素（x_1、x_2、$\cdots$、x_n）得分的提高（或减少）可使房价上升（或下降）的数量，模型的判定系数可以用来判断各项因素对房价的影响程度。

三、购买力差异程度与分布的测度方法

（一）采用变异系数测度总体差异程度

本书选取变异系数和总熵指数这两个传统简单的测度区域差异的指数，测度城市之间购买力水平的总体差异程度。

变异系数：

$$CV = \frac{\sqrt{\dfrac{\sum\limits_{i=1}^{n}(x_i - \mu)^2}{n}}}{\mu} \qquad (4-10)$$

总熵指数（$C=0$）：

$$GE = \frac{1}{n}\sum_{i=1}^{n}\log\left(\frac{\mu}{x_i}\right) \qquad (4-11)$$

式中，x_i 是第 i 个城市的物价，μ 为物价均值，n 为城市个数。

购买力差异研究涉及的具体商品或服务项、亚类单项、综合购买力以及名义收入和实际收入等，涉及城市之间差异程度均采用变异系数和总熵指数来测度。

（二）采用核密度函数估计总体分布特征

核密度估计方法是现代非参数统计方法的代表，不要求对估计模型进行率先界定（陈云、王浩，2011），而是尽量从数据本身中获得需要的信息。不同的商品或服务价格的差异很大，不能与某一种或两种特定的分布方式相互匹配，这种情况下适合采用核密度函数对其总体分布特征进行估计。假设某一商品或劳务价格的密度函数是 $f(x)$，核密度估计是 $f_n(x)$，那么在任意价格 x 上的核密度估计公式为：

$$f_n(x) = \frac{1}{nh_n}\sum_{i=1}^{n}K\left(\frac{x-x_i}{h_n}\right) \qquad (4-12)$$

式中，$K\left(\dfrac{x-x_i}{h_n}\right)$ 为核函数，n 为样本数，h_n 为带宽，是与 n 有关的正数。

本书采用核密度分析方法，对购买力平价指数以及八类单项比价的总体分布

特征进行估计。

四、购买力空间分异格局特征的分析方法

（一）采用趋势函数分析购买力空间分异的趋势

趋势面分析是一种利用数学曲面模拟地理要素的空间分布规律及趋势的方法（徐建华，2002），通过回归分析原理，揭示地理要素在空间上的变化趋势（吴秀芹，2007）。本书采用趋势函数分析食品、居住、交通、医疗等单项比价以及综合比价（即地区价格指数）的空间分异趋势。单项比价和综合比价的趋势模型可以表达为：

$$Z_i (x_i, y_i) = T_i (x_i, y_i) + \varepsilon_i \qquad (4-13)$$

式中，$Z_i (x_i, y_i)$ 为第 i 个城市的某类商品或服务的价格，x_i，y_i 为平面空间坐标，$T_i (x_i, y_i)$ 为价格的趋势函数，表示在大范围内的趋势值。ε_i 为自相关随机误差，表示第 i 个城市商品或服务价格的真实值与趋势值的偏差。本书研究的城市物价水平的空间趋势可以采用二阶多项式计算趋势值，趋势函数可表示为：

$$T_i (x_i, y_i) = \beta_0 + \beta_{1x} + \beta_{2y} + \beta_{3x}^2 + \beta_{4y}^2 + \beta_{5xy} \qquad (4-14)$$

（二）采用 ESDA 测度购买力平价指数的空间关联格局

空间自相关是指变量的观测值之间由于观测点在空间上的邻近而导致存在的相关性（Griffth，2003）。全局空间自相关（Global Spatial Autocorrelation）指研究区中邻近位置同一属性相关性的综合水平，局部空间自相关（Local Spatial Autocorrelation）指研究区中各空间位置与各自周围邻近位置的同一属性相关性。本书采用空间关联分析技术，对城市购买力的空间依赖性和异质性进行分析，以识别空间联系的热点或集聚区域，在全局和地方尺度上分别选取 Global Moran's I 指数和 Getis-Ord G_i^* 指数进行分析。

1. Moran's I 指数（GMI）

$$GMI = \frac{\sum\limits_{i=1}^{n} \sum\limits_{j=1}^{n} (x_i - \bar{x})(x_j - \bar{x})}{S^2 \sum\limits_{i=1}^{n} \sum\limits_{j=1}^{n} W_{ij}} \qquad (4-15)$$

$$S^2 = \sum_{i=1}^{n} (x_i - \bar{x})^2 / n \tag{4-16}$$

$$Z(I) = \frac{I - E(I)}{\sqrt{Var(I)}} \tag{4-17}$$

式中，n 表示研究的空间单元数量，x_i 和 x_j 分别表示在空间单元 i 和 j 的购买力平价指数，W_{ij} 为空间权重矩阵，要素之间在门槛距离以内为 1，否则为 0。$Z(I)$ 为 Z 检验值，其中，$E(I)$ 为数学期望，$Var(I)$ 为变异数。

Moran's I 可以用来度量相邻的空间单元属性值之间的关系，其取值范围为 $[-1, 1]$，当 Z 值为正且显著时，表明研究区内存在正的空间自相关，即高-高集聚或低-低集聚；当 Z 值为负且显著时，表明研究区内存在负的空间自相关，即高-低集聚或低-高集聚；当 Z 值为零时，表示不存在空间相关，即空间随机分布（王劲峰等，2010）。通过 Z 得分检验来验证假设是否成立。

2. Getis-Ord G_i^* 指数（G_i^*）

$$\frac{G_i^*(d)^2 = \sum_{j=1}^{n} W_{ij}(d) x_j}{\sum_{j=1}^{n} x_j} \tag{4-18}$$

$$Z(G_i^*)^2 = \frac{G_i^* - E(G_i^*)}{\sqrt{Var(G_i^*)}} \tag{4-19}$$

式中，n 表示研究单元数量，x_i 和 x_j 分别表示研究空间单元 i 和 j 的购买力平价指数值，W_{ij} 表示空间权重矩阵，要素之间在门槛距离以内为 1，否则为 0。$Z(G_i^*)$ 为 Z 检验值，其中，$E(G_i^*)$ 为数学期望，$Var(G_i^*)$ 为变异数。$Z(G_i^*)$ 的显著程度则用于识别不同区域热点与冷点的空间分布。若 $Z(G_i^*)$ 值为正且显著，说明 i 地区周围的值相对较高，属于热点区；反之，i 地区周围的值低于均值，周边区域为冷点区。

采用局部空间自相关 Getis-Ord G_i^* 指数分析了购买力差异的空间集聚特征以及名义与实际收入的空间关联格。

本章小结

　　本章以国家统计局关于 CPI 测算以及城镇家庭现金消费支出的统计为基础，结合目前研究中的指标选取与权重测算的经验和不足，对各项商品或服务进行判别，遴选出可能存在价格地区差异的商品或服务作为关键指标，构成本书进行购买力平价的商品"篮子"。参照 CPI 调整权重，以统计年鉴每年都进行统计的城镇居民消费支出结构为基础，经过调整确定各项指标的权重，指标与权重共同构成了购买力平价指数测度的指标体系。并且，在国际比较项目的购买力平价计算方法基础上，设计了购买力平价指数测度的方法和计算过程，并对购买力差异研究将会应用到的相关模型和方法做了详细的介绍，为后文物价水平和购买力差异的特征及空间分异的展开奠定了基础。

第五章

地区商品价格的差异程度与影响因素

购买力差异研究所涉及的数据主要包括"一篮子"商品的价格数据、商品或服务分类的权重数据、价格差异的影响因素涉及的社会经济数据，本章主要研究数据的来源与特征以及对总体购买力可能产生的影响。食品、居住、交通通信、医疗等每一类商品的价格水平代表着城镇居民这一方面的生活成本，对总体的地区价格指数有着深远的影响，因此需要分类测度每一类商品或服务价格的差异程度与空间分异格局，并对价格差异大的商品或服务进行影响因素的解析。

第一节 购买力差异研究的数据来源与处理

一、商品或服务的价格数据

参与购买力平价的"一篮子"商品或服务的价格数据获取自中国价格信息网（http：//www. chinaprice. com. cn），部分城市缺失个别数据则从各城市物价局网站以及蔬菜网（http：//www. vegnet. com. cn/）等进行收集补充，房价数据来源于禧泰房产数据技术有限公司的"全国房地产数据库"、房价网（http：//www. sh. fangjia. com/）和居天下（https：//www. fang. com/）。采用网络跟踪挖掘的方法，跟踪上述网站相关商品或服务价格的月度变化。收集到8大类（一级分类）、23亚类（二级分类）、49项代表性商品或服务2014年的平均价格数据，数据基本能够涵盖城镇居民日常消费中有价格差异的部分，所选的指标情况如表5-1所示。

表5-1 购买力差异测度的商品"篮子"一览

一级分类	二级分类	代表性商品或服务名称	单位	指标个数
食品	蔬菜	圆白菜、青椒、西红柿、土豆、黄瓜、茄子、萝卜	元/500克	7
	肉禽	鲜猪肉-精瘦肉、鲜牛肉-牛腩、鲜鸡肉-白条鸡	元/500克	3
	蛋奶	鲜鸡蛋、纯牛奶-盒装250ml	元/500克、元/盒	2
	水果	苹果-富士一级、梨-鸭梨一级、香蕉-国产一级、西瓜-普通	元/500克	4
	水产品	草鱼-活1千克左右一条、带鱼-冻250克左右一条	元/500克	2
	油料调味	花生油-一级压榨、大豆油、食用盐-精制含碘、酱油-瓶装500ml	元/5升、元/袋、元/瓶	4
住房	房价	商品房均价	元/平方米	1
水电燃料	水	居民生活用水、生活污水处理费	元/吨	2
	电	居民生活用电	元/千瓦时	1
	天然气	民用管道天然气	元/立方米	1
交通	市区交通	出租车-起步价、每千米加价	元/次、千米	2
		公共汽车普票	次/元	1
	长途公共汽车	省内客运	元/人·千米	1
通信	固定电话	固话月租、网内通话	元/月、元/次	2
	移动电话	移动电话资费-移动全球通、联通	元/分钟	2
	宽带上网	2M带宽互联网费	元/月	1
医疗	挂号诊疗	市级医院挂号费、门诊费	元/次	2
	检查检验	肝功能检查（验血）、颅脑CT平扫	元/次	2
	手术	阑尾切除术	元/例	1
	床位	普通病房（4人间）	元/床·日	1
文娱	文娱服务	有线数字电视	元/月	1
教育	学前教育	托儿保育教育费-公立、私立幼托	元/月	2
	中学教育	高中学费-普通学校、市级师范学校	元/学期	2
	高等教育	大学学费-综合性院校、师范学校	元/学年	2

考虑到物价数据的可获取性和相对完整性，研究范围为100个地级以上的行

政单元，分布在我国 31 个省份（不包括港澳台地区），研究单元个数占所在省份
地级单元的比例在 1/4 左右（见图 5-1）。我国的 4 个直辖市以及省会城市均在
研究范围内。可见本章的研究单元在全国的空间分布是相对均衡的，可以在较大
程度上反映全国的总体物价和购买力分异格局。

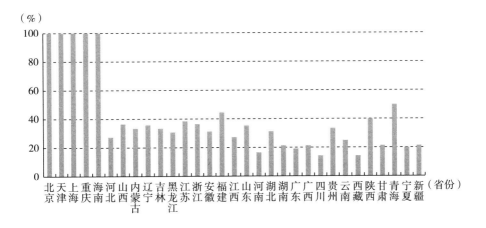

图 5-1　各省份城市个数占全部地级单元的比重

研究范围内的 100 个地级以上行政单元包括 95 个地级以上城市以及哈密地
区（现为哈密市）①、巴音郭楞自治州、伊犁州、海西州、楚雄州 5 个地级行政
单元，将 5 个地区、州以其行政公署所在的县级市替代，因此本章的研究范围后
文统称为 100 个城市。

二、商品或服务的权重数据

城镇居民家庭消费结构数据来源于《中国区域经济统计年鉴（2013）》以
及各省/市/自治区的 2013 年统计年鉴。各项商品或服务的权重是在统计年鉴的
城镇居民家庭消费支出结构的基础上，参照第四章的指标权重调整方法进行调整
而得出的。调整后得到 100 个城市食品、住房、水电燃料、交通通信、医疗、教

---

① 2016 年 2 月 18 日，国务院批复同意撤销哈密地区，设立地级哈密市。

育、文娱 8 大类商品或服务的权重，其中食品大类下属的亚类有分别的权重值，其他大类下属的亚类没有分项权重。以北京市为例（见表 5-2），食品类的权重为 26.3%，是 8 大类中权重最高的，由粮食、蔬菜、肉禽、水果等亚类的权重共同构成；其次是居住和交通，权重分别为 17.0%、10.3%；医疗、教育类的权重也较高，权重分别为 8.9% 和 6.0%。

表 5-2　北京市各项商品或服务的权重

商品或服务类别		权重（%）	商品或服务类别		权重（%）
食品	蔬菜	2.4		交通	10.3
	肉禽	4.5		通信	3.4
	蛋奶	2.4		医疗	8.9
	水果	3.2		教育	6.0
	水产品	1.2	文娱	文娱服务	6.9
	油料调味	1.3		文娱用品	3.1
	粮食等	11.3	其他	衣着	9.1
居住	住房	13.1		家庭设备及用品	5.8
	水电燃料	3.9		其他	3.1
合计					100

　　受地区居民消费水平、自然条件、地理位置、气候特征以及文化传统等因素的影响，各地区城镇居民消费的各类商品或服务的权重差异较大。新疆、西藏、内蒙古以及东北三省的城市衣着消费权重普遍较高，呼和浩特市权重值高达 13.14%，而海南、广东、江苏等省份的城市衣着消费权重普遍较低，三亚、广州市衣着类权重值分别为 3.98%、6.68%，可能的原因是气候寒冷以及季节变化显著的地区人们往往需要更多的衣物。而在食品消费的权重方面，中西部地区普遍高于东部地区：拉萨市城镇居民食品消费支出权重高达 44.33%，重庆市、成都市的食品消费权重分别为 36.45%、35.36%，而北京市食品消费的权重仅为 26.34%，长三角地区的城市食品消费权重约为 30%。各项消费支出权重在不同的地区，居民日常生活受到价格差异的影响不同，由于住房和服务类消费的价格往

往差异较大，这类消费所占权重越高的地区，居民实际收入受价格的影响越明显。

三、其他相关数据

购买力差异研究以及价格影响因素研究涉及的经济社会数据来源于《中国统计年鉴（2015）》《中国区域经济统计年鉴（2013）》《中国城市统计年鉴（2015）》《中国城市建设统计年鉴（2015）》《中国国土资源统计年鉴（2015）》《中国环境年鉴（2015）》《中国固定资产投资统计年鉴（2015）》。将城市按区域划分为东部、中部、西部和东北四大地区，城市所在区域由其所在的省（自治区或直辖市）所属的区域决定。

第二节 商品或服务价格的差异程度与空间分异

一、单项指标的总体差异程度比较

分别计算八大类商品或服务比价的变异系数和总熵指数，测度各单项大类指标的价格在不同城市的差异程度。变异系数与总熵指数呈现出大致相同的趋势（见图5-2），其中住房价格的地区差异最大，变异系数为0.688；其次是教育和医疗价格，变异系数为0.311、0.310；食品价格差异最小，变异系数仅为0.050。

改革开放以来，我国城镇居民的消费结构已经发生了较大的变化，消费结构有所升级，表现为食品、家庭设备、衣着等类别的消费支出比例明显下降，同时医疗、文娱、教育以及居住等服务性消费支出所占比例有大幅度的提升（袁志刚等，2009）。综合考虑八大类商品或服务在城镇居民消费中所占的权重以及各类的差异程度，住房类价格地区间差异最大的同时所占比重也很高（仅次于食品），对居民日常生活的影响最大；食品和交通的差异虽然不大，但其在居民消费中的比重较高，医疗和教育在地区间差异也较大（仅次于居住），也是对居民生活影响较大的类别，因此在本节中分别对这几类商品或服务的价格特征和地区差异程度进行比较和分析。

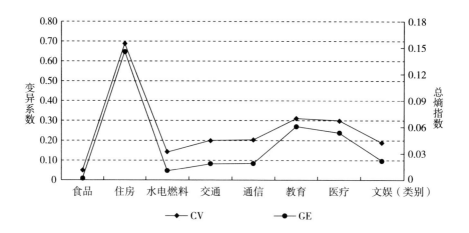

图 5-2 八大类指标的变异系数与总熵指数

二、食品价格的差异程度与空间分异

食品是人类生存的必需品，也是居民生活消费结构中的最主要部分，食品价格波动直接影响居民的生活成本（王振霞，2011）。在食品类商品选择时既要保证所选品种具有较为普遍的代表性，常见蔬菜类别（叶菜类、根茎类、瓜类、豆类、薯类、茄果类）均选择了具体品种，又考虑到不同地区的农产品生产优势及饮食偏好，尽量使所选商品可以反映不同地区居民的食品消费价格。

（一）蔬菜类和水果类价格的地区差异较大

不同城市之间食品类商品的价格差异是比较小的，然而因为不同地区食品的生产、供给、流通等方面的能力不同，并且居民的消费需求以及收入水平也不相同，因而具体到某类食品的价格在不同地区之间也可能存在差异。分别计算 6 个亚类及食品总类价格的变异系数和总熵指数（见图 5-3），其中，青椒和茄子的变异系数最高，分别为 0.373、0.362；猪肉的变异系数最低，仅为 0.085，说明地区差异较大的品种多为蔬菜类和水果类，地区差异较小的品种多为肉禽类和油料类。21 项商品的变异系数均高于食品类综合（变异系数 0.050），说明虽然食品类具体品种的地区差异较大，但是由于不同品种在不同地区的生产、流通能力及消费偏好存在差异，不同地区城市的优势产品有所不同，土豆价格高的地区可能茄子价格较低，苹果价格较高的地区可能香蕉价格较低，这种组内的错位导致加总后的食品综合价格的地区差异缩小了。

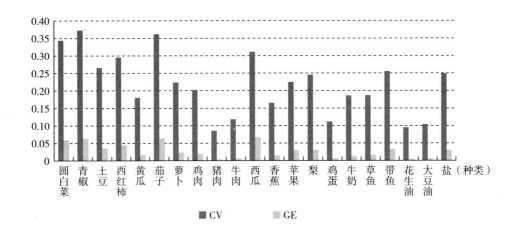

图 5-3 食品类价格的变异系数（CV）和总熵指数（GE）

（二）东南沿海和西部食品价格较高，华北和东北地区较低

按食品类综合价格从高到低进行排序，如表 5-3 所示，价格最高的是西藏自治区的拉萨市，最低的是山东省枣庄市，拉萨市食品价格仅为枣庄市的 1.6 倍，可见地区之间食品价格的差异很小。食品价格较高的城市主要分布在东南沿海和西部地区，既包括东南沿海的发达城市，如广东的深圳、广州、汕头、惠州，浙江的杭州、宁波、衢州、绍兴，海南的三亚、海口，以及上海、苏州等，也包括拉萨、呼和浩特、兰州、重庆等西部城市。价格较低的城市主要分布在华北、东北以及长江中游地区，排名最后十位的分别是新疆伊犁、山东菏泽、宁夏石嘴山、江西南昌、云南昭通、河北唐山、宁夏吴忠、安徽淮南、河北邢台、山东枣

庄。食品类价格的总体趋势，在南—北方向表现为"南高—北低"，东—西方向表现为"东西高—中部低"。经济发展相对落后、居民收入相对较低的西部高原山地区，食品价格却在全国处于较高水平，这可能是由于西部地区多山地高原、气候条件恶劣、农业生产条件较差，加之交通不发达、运输成本高导致的。

表5-3 城镇居民食品价格单项比价

地区	食品比价	地区	食品比价	地区	食品比价	地区	食品比价
拉萨市	1.212	乌海市	1.022	巴音郭楞自治州	0.964	赣州市	0.907
深圳市	1.164	厦门市	1.013	平凉市	0.964	鞍山市	0.906
广州市	1.138	黄石市	1.004	北海市	0.957	沈阳市	0.904
杭州市	1.124	南通市	1.002	牡丹江市	0.957	哈密地区（现为哈密市）	0.897
三亚市	1.122	包头市	1.001	大连市	0.955	大同市	0.893
海口市	1.103	扬州市	1.000	吉林市	0.952	大庆市	0.891
宁波市	1.099	西安市	1.000	遵义市	0.948	晋城市	0.886
衢州市	1.092	曲靖市	0.999	延安市	0.944	烟台市	0.886
汕头市	1.089	贵阳市	0.999	合肥市	0.943	荆门市	0.884
惠州市	1.081	汉中市	0.994	哈尔滨市	0.943	襄阳市	0.883
呼和浩特市	1.077	泉州市	0.993	乌鲁木齐市	0.941	银川市	0.881
绍兴市	1.069	酒泉市	0.989	天津市	0.939	泰安市	0.881
兰州市	1.068	南宁市	0.984	佳木斯市	0.937	宜昌市	0.879
上海市	1.068	成都市	0.983	铁岭市	0.935	常德市	0.875
苏州市	1.067	郑州市	0.983	长春市	0.934	运城市	0.868
三明市	1.065	铜陵市	0.980	太原市	0.932	伊犁州	0.863
柳州市	1.055	衡阳市	0.978	石家庄市	0.927	菏泽市	0.853
福州市	1.049	安顺市	0.978	通化市	0.920	石嘴山市	0.850
重庆市	1.048	武汉市	0.977	安庆市	0.919	南昌市	0.850
格尔木市	1.043	青岛市	0.976	滁州市	0.916	昭通市	0.849
乐山市	1.040	洛阳市	0.974	九江市	0.914	唐山市	0.847

续表

地区	食品比价	地区	食品比价	地区	食品比价	地区	食品比价
西宁市	1.033	北京市	0.972	昆明市	0.913	吴忠市	0.846
绵阳市	1.032	徐州市	0.972	渭南市	0.910	淮南市	0.834
南京市	1.030	周口市	0.971	锦州市	0.909	邢台市	0.833
长沙市	1.029	楚雄州	0.965	济南市	0.909	枣庄市	0.775

　　比较四大地区城镇居民食品大类及内部商品的平均价格（见表5-4），结果表明食品大类的价格西部地区最高、东部次之，东北地区最低。从食品内部亚类来看，东部地区蔬菜价格最高，西部地区次之。肉禽、蛋奶、水果价格均为西部地区最高、东部次之。油料调味品的价格在四大地区之间差异不显著。

表5-4　四大地区食品亚类平均价格比较

地区	蔬菜	肉禽	蛋奶	水果	水产	油料调味	食品综合
东部	1.040	0.902	1.035	0.933	1.008	0.931	1.000
中部	0.993	0.894	1.030	0.919	0.986	0.935	0.992
西部	1.032	0.911	1.045	0.971	1.001	0.937	1.005
东北	0.825	0.865	0.990	0.931	1.081	0.936	0.972

三、居住价格的差异程度与空间分异

　　住宅是人们生存的基本场所，随着居民消费结构的转型升级，居住消费在城镇居民消费中所占的比重呈上升趋势（袁志刚等，2009），已经成为居民消费支出中的第二大项。居住成本主要包括住房消费以及水电燃料费等，其中住房是其中最主要的部分，也是地区间差异最大的一类，变异系数高达0.688（见图5-2），因此对住房和水电燃料的空间分异特征进行单独分析。

　　（一）住房价格的空间分异格局

　　20世纪80年代，中国开始实行住房制度改革，住房逐步进入商品化时代，

城市商品房价格呈现快速上涨的趋势，不同城市之间房价差异很大。根据 2014 年各城市房价的排序规律，参考聚类分析结果，将 100 个城市按房价高低分为"极高房价城市""高房价城市""中等房价城市""低房价城市"四类（见表 5-5），其中，北京、上海、深圳、厦门、三亚房价均高于 20000 元/平方米，是全国房价最高的 5 个城市，杭州、广州、南京的房价也非常高（高于 16000 元/平方米），以上 8 个城市为极高房价城市；房价在 8000~15000 元/平方米的城市包括青岛、大连、绍兴、苏州、昆明、宁波、福州等 16 个城市，为高房价城市。房价在 5000~8000 元/平方米的城市包括沈阳、扬州、石家庄、哈尔滨、西安等 43 个，是中等房价城市；房价小于等于 5000 元/平方米的城市有 33 个，为低房价城市，其中通化、曲靖、周口、昭通以及吴忠 5 个城市房价最低，低于 4000 元/平方米。房价最高的北京市是最低的吴忠市的 11 倍多，是房价中等的西安市的 5 倍多，可见不同城市的房价的差异之大。

表 5-5　城市房价等级划分

等级	房价区间（元/平方米）	城市名称（根据房价由高到低排序）	数量
极高	>15000	北京、上海、深圳、厦门、三亚、杭州、广州、南京	8
高	8000~15000	青岛、大连、绍兴、苏州、济南、南昌、昆明、成都、郑州、武汉、兰州、南通、泉州、天津、宁波、福州	16
中等	5000~8000	沈阳、扬州、石家庄、太原、烟台、哈尔滨、海口、重庆、乌鲁木齐、南宁、西安、合肥、三明、汕头、衢州、长春、呼和浩特、长沙、柳州、徐州、唐山、泰安、宜昌、赣州、贵阳、包头、铜陵、大庆、惠州、西宁、晋城、乐山、安庆、拉萨、银川、锦州、襄樊、菏泽、淮南、吉林、九江、洛阳、酒泉	43
低	<5000	铁岭、黄石、安顺、延安、伊犁州、绵阳、鞍山、大同、滁州、枣庄、平凉、遵义、乌海、北海、常德、楚雄州、邢台、汉中、牡丹江、衡阳、石嘴山、运城、荆门、巴音郭楞、佳木斯、渭南、格尔木、哈密地区（现为哈密市）、通化、曲靖、周口、昭通、吴忠	33

运用 ArcGIS 地统计模块的空间趋势分析工具（Trend Analysis）分析房价的空间分布趋势。X 轴表示房价在东—西方向的分异，Y 轴表示房价在南—北方向的分异，Z 轴表示房价值（见图 5-4）。可见，房价差异较大，个别城市房价非常高，总体空间分异趋势表现为"东高西低""南高北低"。

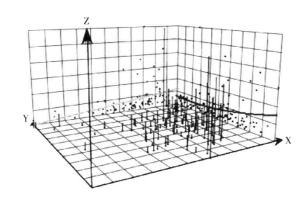

图 5-4　房价的空间趋势

从空间分布情况来看，高房价城市多分布于东部沿海地区，并且在长三角、京津冀、珠三角以及海峡西岸地区呈现出空间集聚的特征，大于 15000 元/平方米的 8 个极高房价城市无一例外地位于东部沿海城市群；16 个高房价城市（8000~15000 元/平方米）分布在东部沿海城市群以及中西部的省会地区；中等房价和低房价城市主要分布在中西部的内陆地区及东北三省，东部沿海地区分布很少；从行政等级来看，直辖市、副省级城市以及大多数省份的省会城市房价水平较高，在 31 个省级行政单元呈点状分布，普通地级市的房价一般低于省会城市、副省级城市的房价。以上分析表明，房价既呈现出空间集聚性特征，又呈现出行政等级性分异的格局。

（二）水电燃料价格的空间分异

水电燃料包括城镇居民生活用水、居民生活用电和民用天然气三个亚类，这三类均不是直接由市场产生的商品，不能通过市场过程获得一个能反映其真实价值的价格（张德震、陈西庆，2003）。根据《中华人民共和国价格法》和国家发改委的政府定价目录，居民生活用水和天然气的销售价格采用中央和地方政府两级定价，居民生活用电采用中央政府定价。

水电燃料总体的地区差异较小，变异系数为 0.141，价格最高的汕头市为最低的伊宁市的 1.8 倍。相对而言民用天然气价格差异最大，变异系数为 0.334，居民生活用水次之，居民生活用电差异最小（见表 5-6）。

表 5-6 水、电、天然气价格的差异程度

	居民生活用水	居民生活用电	民用天然气
变异系数	0.236	0.101	0.334
总熵指数	0.028	0.005	0.049

按水电燃料综合比价从高到低进行排序，如表 5-7 所示，价格最高的是广东汕头，最低的是新疆伊犁，汕头水电燃料价格是伊犁的 1.8 倍。水电燃料价格表现出非常明显的空间分布差异，胡焕庸线以东的城市水电燃料价格较高，胡焕庸线以西的城市水电燃料价格均较低。水电燃料价格较高的城市主要分布在东南沿海和西南地区，如广东的汕头、深圳、惠州、广州，云南的曲靖、楚雄、昭通，以及贵州的安顺，广西的柳州等。水电燃料价格较低的城市主要分布在西北地区，如新疆的伊犁、格尔木、乌鲁木齐，内蒙古的巴音郭楞、包头，青海的西宁，宁夏的吴忠、石嘴山、银川。

表 5-7 城镇居民水电燃料价格单项比价情况

地区	水电燃料	地区	水电燃料	地区	水电燃料	地区	水电燃料
汕头市	1.417	济南市	1.177	常德市	1.082	绵阳市	0.977
曲靖市	1.406	泉州市	1.175	泰安市	1.076	滁州市	0.972
深圳市	1.384	福州市	1.175	淮南市	1.076	周口市	0.965

续表

地区	水电燃料	地区	水电燃料	地区	水电燃料	地区	水电燃料
楚雄州	1.377	哈尔滨市	1.168	鞍山市	1.070	哈密地区 （现为哈密市）	0.947
惠州市	1.372	南昌市	1.168	长沙市	1.056	杭州市	0.942
昭通市	1.317	牡丹江市	1.165	渭南市	1.054	乐山市	0.940
安顺市	1.310	九江市	1.165	南京市	1.049	呼和浩特市	0.935
柳州市	1.307	海口市	1.163	青岛市	1.048	乌海市	0.920
广州市	1.283	铜陵市	1.156	吉林市	1.039	兰州市	0.917
苏州市	1.277	南通市	1.137	荆门市	1.038	拉萨市	0.901
长春市	1.274	黄石市	1.134	晋城市	1.033	平凉市	0.892
天津市	1.261	石家庄市	1.128	大同市	1.029	锦州市	0.881
厦门市	1.249	北海市	1.119	安庆市	1.027	铁岭市	0.877
三亚市	1.240	贵阳市	1.114	宜昌市	1.026	酒泉市	0.873
大连市	1.236	沈阳市	1.113	重庆市	1.019	汉中市	0.862
遵义市	1.233	衡阳市	1.113	太原市	1.019	包头市	0.862
南宁市	1.231	邢台市	1.110	郑州市	1.017	银川市	0.850
上海市	1.230	枣庄市	1.105	成都市	1.015	石嘴山市	0.843
扬州市	1.224	北京市	1.101	三明市	1.015	大庆市	0.837
徐州市	1.201	赣州市	1.099	合肥市	1.013	巴音郭楞	0.826
昆明市	1.198	洛阳市	1.098	襄阳市	1.004	吴忠市	0.820
运城市	1.192	佳木斯市	1.096	衢州市	1.004	西宁市	0.817
宁波市	1.190	绍兴市	1.096	西安市	1.000	乌鲁木齐市	0.779
烟台市	1.183	武汉市	1.096	延安市	0.988	格尔木市	0.775
通化市	1.183	唐山市	1.093	菏泽市	0.978	伊犁州	0.772

用 Trend Analysis 方法分析水电燃料的空间分布趋势（见图 5-5）。可见，水电燃料价格"东高西低、南高北低"的趋势显著、高低变化的幅度最大。西部地区水电燃料价格非常低，可能的原因之一是考虑到不同地区的居民经济收入水平即承受能力，国家定价时对西部地区的水电燃料价格有所倾斜，如拉萨市居民生活用水价格仅为 0.6 元/立方米，且没有开征污水处理费。

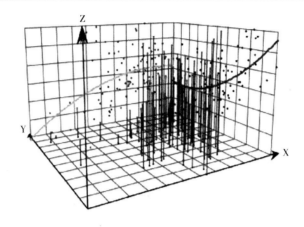

图 5-5 水电燃料价格的空间趋势

四、交通价格的差异程度与空间分异

交通出行是居民日常生活的重要组成部分，20 世纪 90 年代以来，我国居民交通运输消费水平迅速提高，并在消费中占有越来越重要的地位（陈春生，2008）。本章选取存在地区差异的市区公共交通及省内客运费作为城镇居民交通消费的代表性指标，其中出租车费用在一定程度上可以反映私人汽车的费用。

交通类价格的总体差异不大，变异系数仅为 0.200（见图 5-2），交通出行成本最高值（上海市）为最低值（平凉市）的 2.2 倍。由交通出行成本排名前 20 位和后 20 位的城市列表（见表 5-8）可以看出，交通出行价格高的城市大多分布在东南沿海地区，西部的成都市出行成本也很高；交通出行价格低的城市大多分布在长江以北的中西部及东北地区。

表 5-8 交通成本最高和最低的 20 座城市

交通成本	城市名称（根据价格由高到低排序）
高	上海、广州、深圳、杭州、宁波、北京、汕头、成都、惠州、南京、三亚、福州、衢州、大连、泉州、苏州、海口、南宁、天津、厦门
低	襄阳、安庆、锦州、安顺、哈密地区（现为哈密市）、通化、乌海、石嘴山、吴忠、巴音郭楞、酒泉、运城、延安、汉中、佳木斯、楚雄州、周口、牡丹江、长春、平凉

由交通价格的空间分布趋势（见图5-6）可以看出，南北方向呈现出明显的"南高—北低"趋势，东西方向也表现出"东高—西低"的趋势，但东西方向的差异程度小于南北方向。交通价格的差异程度虽然不大，但随着交通类支出在居民消费中的比重的提高，交通出行价格对居民日常生活的影响也会越来越大。

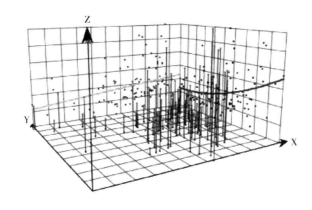

图5-6 交通价格的空间趋势

五、教育与医疗收费的差异程度与空间分异

教育和医疗是关乎国计民生的两个重要方面，也是居民最关心、最迫切的基本公共服务类型。居民在教育和医疗上的支出对于其他项目的消费支出具有很强的挤出效应（田青等，2008）。因此这两类服务的收费价格差异不仅直接影响居民生活和消费，而且通过挤占其他支出项目的消费间接对居民生活产生影响。

（一）教育价格的空间分异

教育类的变异系数为0.355，地区差异在八大类中仅次于居住，最大值是最小值的5.87倍。分别计算学前教育、中学教育、高等教育的变异系数和总熵指数（见表5-9），结果显示，学前教育的地区差异最大，私立幼托与公立幼托的变异系数分别高达0.634、0.537，中学教育次之，高等教育的地区差异最小，变异系数为0.193。学前教育的差异程度仅次于房价的地区差异，以公立幼托为例，深圳市的托儿保育费为 1100 元/月、南京市为 500 元/月、武汉市是 300 元/月，而格尔木市、巴音郭楞州的幼托费用还不足 100 元，因此有必要对学前教育的地区差异进行重点分析。

表 5-9　不同阶段教育收费的地区差异程度

	学前教育-私立	学前教育-公立	中学教育	高等教育	教育平均
变异系数	0.634	0.537	0.447	0.193	0.355
总熵指数	0.196	0.166	0.122	0.023	0.061

1. 学前教育收费过高、收费机制不完善

学前教育是基础教育的重要组成部分，公立幼托实行政府定价或指导价，政府规定的收费标准并不高，但由于私立幼托质量低或收费高，而公立幼托又供不应求，大多数家庭愿意承担高额的赞助费而选择公立幼托；私立幼托收费实行市场调节价，根据其提供的教育服务和质量水平收费，但由于公立幼托供应不足，社会对民办园的需求越来越强烈，加上私立幼托缺少国家的教育补贴，收费水平普遍高于公立幼托（杨娟，2012；何丽君，2011）。根据收集的公立和私立幼托保育费的数据，幼托一年的收费远远高于高中教育一年的收费水平，研究区内四成以上的城市一年的幼托费用甚至高于大学的费用，"入园难、入园贵"成为教育方面最凸显的问题之一，严重影响幼儿家庭的生活质量。

幼托收费水平较高的城市大多分布在东部沿海地区，如深圳、广州、北京、上海等城市私立幼托费用大于 1300 元/月。中西部地区幼托总体收费水平较低，但收费很高的有个别城市，如长沙、贵阳私立幼托费用也达到 1000 元/月。

2. 教育收费的总趋势为"南高北低、东高西低"

较高的学前教育费用对这些地区的幼儿家庭的生活带来许多负面影响，但由于学前教育时间一般小于三年，其在居民消费支出中所占的比重也很低，因此其对全部居民生活的影响有限，教育综合费用的地区差异没有学前教育那么大。

按教育费用综合比价从高到低进行排序，如表 5-10 所示，价格最高的是广东深圳，最低的是新疆格尔木，深圳教育费用的价格是格尔木的 5.87 倍。教育费用的总体趋势为南方高于北方、东部高于西部，费用较高的城市分布在东部沿海各省，并且在长三角、京津冀、珠三角地区呈现出集聚特征，排名靠前的深圳市、广州市、上海市、宁波市、苏州市、杭州市均为东南沿海城市，中西部的湖南长沙、贵州遵义以及新疆乌鲁木齐等部分城市教育费用也较高；教育费用较低的城市主要分布在中部、西部和东北地区，如新疆格尔木、青海西宁、辽宁锦州、江西赣州和九江、河南洛阳和周口、甘肃吴忠、山西运城、云南楚雄和昭通等。

表 5-10　教育费用单项比价情况

地区	教育综合比价	地区	教育综合比价	地区	教育综合比价	地区	教育综合比价
深圳市	2.707	衢州市	1.540	晋城市	1.157	西安市	1.000
广州市	2.292	常德市	1.525	枣庄市	1.154	邢台市	0.998
上海市	2.277	太原市	1.501	铁岭市	1.145	北海市	0.991
宁波市	1.983	济南市	1.500	安庆市	1.144	曲靖市	0.983
苏州市	1.942	泰安市	1.497	兰州市	1.139	大庆市	0.954
杭州市	1.940	徐州市	1.481	长春市	1.120	南昌市	0.945
长沙市	1.930	乌海市	1.474	滁州市	1.111	郑州市	0.944
厦门市	1.882	三明市	1.453	绵阳市	1.108	拉萨市	0.940
天津市	1.872	菏泽市	1.443	汉中市	1.096	巴音郭楞州	0.932
乌鲁木齐市	1.817	重庆市	1.379	银川市	1.095	石嘴山市	0.921
北京市	1.817	海口市	1.377	渭南市	1.095	沈阳市	0.920
遵义市	1.812	合肥市	1.370	吉林市	1.095	柳州市	0.912
绍兴市	1.776	武汉市	1.362	南宁市	1.082	佳木斯市	0.893
福州市	1.759	衡阳市	1.353	鞍山市	1.065	宜昌市	0.891
扬州市	1.704	襄阳市	1.347	铜陵市	1.052	楚雄州	0.870
泉州市	1.697	安顺市	1.338	大连市	1.052	运城市	0.868
南京市	1.687	青岛市	1.320	酒泉市	1.025	吴忠市	0.800
包头市	1.662	成都市	1.319	唐山市	1.024	周口市	0.799

续表

地区	教育综合比价	地区	教育综合比价	地区	教育综合比价	地区	教育综合比价
贵阳市	1.645	通化市	1.304	伊犁州	1.024	九江市	0.783
淮南市	1.619	黄石市	1.300	牡丹江市	1.016	赣州市	0.755
烟台市	1.609	大同市	1.276	哈密地区（现为哈密市）	1.013	洛阳市	0.753
惠州市	1.597	昆明市	1.251	石家庄市	1.006	昭通市	0.739
南通市	1.588	荆门市	1.198	延安市	1.004	锦州市	0.668
呼和浩特市	1.584	乐山市	1.188	哈尔滨市	1.001	西宁市	0.634
汕头市	1.548	三亚市	1.166	平凉市	1.001	格尔木市	0.461

（二）医疗价格的空间分异

在各地区之间存在明显的收入差距和消费能力差距的情况下，依靠市场自发地配置医疗卫生资源向发达和高端市场集中，导致不同地区提供医疗卫生服务的能力有差别。同时，由于医疗服务由各地市发改委定价，不同地区的医疗服务收费也有所不同。我们选取诊疗费、检查检验费、手术费、床位费来体现医疗卫生服务的价格。经计算，医疗收费的变异系数为0.310，差异程度小于居住，与教育的总体差异程度相当，医疗收费价格最高的深圳市是最低值周口市的4.24倍。

医疗类内部项目中挂号诊疗费、检验检查费、床位费的差异较大，手术费的差异相对较小（见表5-11）。挂号诊疗费的变异系数高，是由于深圳市、上海市等少数大城市挂号诊疗费较高导致的，大多数城市挂号诊疗费均在5元以下，地区差异实际并不显著。

表5-11 不同医疗服务项目收费的地区差异大小

	挂号诊疗	检验费	检查费	手术费	床位费	医疗综合
变异系数	0.568	0.508	0.406	0.282	0.529	0.310
总熵指数	0.181	0.148	0.133	0.045	0.172	0.060

分别计算四大地区城市医疗项目比价的平均值得到表5-12，挂号诊疗费最高的东部地区，其检查、检验费相对并不高，而挂号诊疗费最低的东北地区，检验费和床位费却比较高。因此医疗综合收费的差异程度小于各单项项目的差异。医疗收费最高的是东部地区，西部次之，最低的是中部地区。从100个城市的医疗收费单项比价情况来看（见表5-13），医疗费用总体的趋势也表现为东高西低、南高北低，高值地区集中分布在长三角和珠三角，例如，深圳、上海、广州、绍兴、厦门、汕头、惠州、南通等城市。低值地区主要分布在我国中西部和东北地区，如唐山、邢台、沈阳、南宁、太原、合肥、周口等城市。

表5-12　不同医疗项目收费在四大地区的平均值

地区	挂号诊疗费	检验费	检查费	手术费	床位费	医疗综合
东部	1.575	1.866	0.854	0.801	1.704	1.27
中部	0.793	1.614	0.807	0.654	0.777	0.884
西部	0.965	1.855	0.871	0.700	1.027	0.996
东北	0.750	2.140	0.655	0.805	1.189	0.983

　　注：各单项比价均是以西安市的价格水平为基准进行比较得出的，比价平均值的大小说明该地区相对于西安市收费水平的高低。

表5-13　医疗收费单项比价情况

地区	医疗综合比价	地区	医疗综合比价	地区	医疗综合比价	地区	医疗综合比价
深圳市	2.583	扬州市	1.155	武汉市	1.009	安庆市	0.861
上海市	1.941	徐州市	1.124	西安市	1.000	大庆市	0.859
广州市	1.899	青岛市	1.124	乌鲁木齐市	0.989	吴忠市	0.842
绍兴市	1.825	济南市	1.117	南昌市	0.989	曲靖市	0.830
厦门市	1.755	衢州市	1.117	铁岭市	0.966	石家庄市	0.825
汕头市	1.712	大同市	1.116	伊犁州	0.965	大连市	0.824
惠州市	1.586	长春市	1.112	哈尔滨市	0.961	吉林市	0.806
南通市	1.570	延安市	1.110	楚雄州	0.961	牡丹江市	0.796
泉州市	1.452	鞍山市	1.110	酒泉市	0.958	三明市	0.791

地区	医疗综合比价	地区	医疗综合比价	地区	医疗综合比价	地区	医疗综合比价
锦州市	1.388	佳木斯市	1.105	北京市	0.957	福州市	0.780
枣庄市	1.365	石嘴山市	1.083	包头市	0.951	汉中市	0.770
拉萨市	1.346	西宁市	1.082	乐山市	0.948	昭通市	0.730
柳州市	1.330	重庆市	1.081	长沙市	0.936	运城市	0.717
宁波市	1.303	宜昌市	1.074	兰州市	0.934	九江市	0.708
海口市	1.301	乌海市	1.072	昆明市	0.930	郑州市	0.688
格尔木市	1.299	遵义市	1.071	滁州市	0.922	洛阳市	0.688
赣州市	1.276	贵阳市	1.061	铜陵市	0.917	常德市	0.680
天津市	1.246	三亚市	1.058	晋城市	0.901	哈密地区（现为哈密市）	0.674
银川市	1.245	泰安市	1.047	北海市	0.899	唐山市	0.674
苏州市	1.233	衡阳市	1.045	成都市	0.894	邢台市	0.674
通化市	1.199	呼和浩特	1.043	巴音郭楞州	0.888	沈阳市	0.667
黄石市	1.189	绵阳市	1.043	淮南市	0.885	南宁市	0.628
南京市	1.181	杭州市	1.032	渭南市	0.880	太原市	0.620
平凉市	1.170	荆门市	1.030	烟台市	0.871	合肥市	0.611
安顺市	1.158	菏泽市	1.021	襄阳市	0.865	周口市	0.609

第三节　商品价格差异的影响因素——以房价为例

　　根据上述分析，不同类别的商品或服务的地区差异特点各异，其影响因素也不同，比如食品类商品与教育医疗等服务，难以用同一组因素进行分析。住房价格的地区差异最大，对居民实际收入的影响最显著，因此在本节中我们构建了房价差异的影响因素模型，重点探讨房价差异的影响因素。

一、房价的影响因素判定

住房价格遵循商品或服务的价格差异的发展规律，即内生价值属性、供给与需求、运输成本在一定的经济条件下共同作用的结果。由于住房在地区间不存在运输过程，内生价值与供求是决定其价格的两个方面，因此从供给与需求以及住房本身的居住价值两个视角，构建对城市住房价格分异可能产生影响的因素指标体系。供给与需求层面的影响因素集假定住房居住质量是同质的，从住房市场供给和需求的角度探索房价的影响因素。居住价值因素集则着重考察城市在生产、生活方面能够为居民提供的优势和便利，包括城市的生产环境、区位与行政等级、公共服务水平以及自然环境等对房价的影响。在借鉴已有研究成果的基础上（王洋等，2013；Chen et al.，2011），选取 22 个相应的统计指标（见表 5-14 和表 5-15）。

表 5-14 基于供需视角的房价影响因素的指标

需求	代表性指标
*SD*1 城市居民收入与储蓄	
*SD*11 居民收入水平	城镇居民人均可支配收入（元）
*SD*12 居民财富水平	近 5 年人均城乡居民储蓄总额（元）
*SD*2 城市人口规模与吸引能力	
*SD*21 人口规模	城区人口数量（万人）
*SD*22 人口吸引力	城区暂住人口比重（%）
*SD*23 新增人口数量	近 3 年市区人口增长率（%）
*SD*3 城市房价预期与需求潜力	
*SD*31 价格预期	近 3 年住宅价格增长率（%）
供给	代表性指标
*SD*4 城市土地与住房供应	
*SD*41 城市新增用地	近 5 年年建成区面积增长率（%）
*SD*42 有效新增住宅	建成区地均住宅销售面积（平方米/平方米）

续表

供给	代表性指标
*SD*5 城市住房建设成本	
*SD*51 土地成本	城市土地出让价格（元/平方米）
*SD*52 建筑成本	竣工住宅造价（元/平方米）

表 5-15　基于居住价值视角的房价影响因素指标

居住价值因素集（Value）	代表性指标
*V*1 城市经济与生产性环境	
*V*11 经济总量	GDP（元）
*V*12 经济发展水平	人均 GDP（元/人）
*V*13 服务业发展水平	服务业从业人员比重（%）
*V*2 城市区位与行政等级	
*V*21 城市区位	东部、中部、西部
*V*22 行政等级	是否为省会、副省级市
*V*23 开放程度	人均外商直接投资总额（元/人）
*V*3 城市基础设施与服务	
*V*31 道路设施水平	城区人均道路面积（平方米/人）
*V*32 公共交通水平	人均公共汽车数量（辆/人）
*V*33 医疗卫生水平	人均医院床位数（张/人）
*V*34 教育水平	中学生师生比
*V*4 城市自然环境	
*V*41 空气质量	空气良好以上天数比例（%）
*V*42 绿化水平	建成区绿化覆盖率（%）

　　为减少由于各城市市区行政区划的差异产生的统计误差，人口和人口密度的指标是按城区总人口统计，用地面积和密度的指标是按建成区面积统计。*V*21、*V*22 为虚拟变量。

采用住房价格影响因素分析中常用半对数模型（郭斌，2010）公式表达为：

$$LnP = a_0 + a_1X_1 + a_2X_2 + \cdots + a_nX_n \qquad (5-1)$$

式中，P 为房价，X_1、X_2、$\cdots$、X_n 分别为各影响因素得分，a_1、a_2、$\cdots$、a_n 分别为各影响因素的回归系数。将上述两个因素集分别构建两个半对数回归方程，房价为因变量，各影响因素为自变量，并采用 Stepwise 逐步回归法（显著性水平为 5%），分别得到两个层面因素集的回归方程，以及回归结果和参数。

基于住房供给与需求视角的回归方程为：

$$LnP = 7.102 + 2.312X_{SD11} + 0.984X_{SD31} + 1.062X_{SD51} \qquad (5-2)$$

基于住房居住价值视角的回归方程为：

$$LnP = 7.086 + 1.534X_{V13} + 1.408X_{V22} + 0.638X_{V31} + 0.401X_{V41} \qquad (5-3)$$

从回归方程的 F 值和判定系数 R^2 可知，基于供给-需求视角的模型的解释度（78.4%）高于基于居住价值视角的模型（71.5%），说明基于供需视角的模型对房价的拟合程度更好（见表5-16）。

表5-16 两种视角下房价影响因素的回归结果

进入模型变量		各项参数与显著性				模型参数
		非标准化系数	标准系数	t 值	Sig.	
模型 1	常量	7.102	—	178.633	0.000	
供需视角	SD11	2.312	0.534	15.035	0.000	Sig. = 0.000 F = 238.681 R^2 = 0.784
	SD31	0.984	0.212	6.983	0.000	
	SD51	1.062	0.233	6.715	0.000	
模型 2	常量	7.086	—	82.445	0.000	
居住价值视角	V13	1.534	0.435	8.556	0.000	Sig. = 0.000 F = 139.924 R^2 = 0.715
	V22	1.408	0.288	4.093	0.000	
	V31	0.638	0.107	4.041	0.000	
	V41	0.401	0.102	4.121	0.000	

在供需视角下，居民收入水平对房价的影响最为显著，住房建设成本和房价预期与需求潜力对住房价格的影响是显著的。城市人口规模与吸引能力、城市土地与住房供应两个指标对房价的影响相对并不明显；而在城市居住价值视角下，城市经济与生产性环境、区位与行政等级、基础设施与服务、自然环境四项因素均进入回归方程，这些因素都显著影响住房价格。其中，经济与生产性环境、区位与行政等级的影响最为显著，自然环境特征的影响相对较弱。

二、对房价空间分异影响因素的解释

计算结果表明，住房的供给与需求、住房的居住价值两种视角均可以在一定程度上解释房价的空间分异。在供需理论框架下，住宅需求的大小相比于供给因素更能影响到城市房价。在居住价值框架下，房价的核心驱动力是城市的生产性环境与行政等级特征，城市基础设施与服务以及自然环境的优劣也会对房价产生一定的影响。

（一）居民收入水平对房价影响显著，代表着居民购房的支付能力

收入水平反映的是居民对住房的需求，住房需求表现在居住和投资两个方面。随着居民收入水平的提高，对房屋面积、舒适度的要求也更高，改善住房的需求增加；满足了自身居住需求后，也有居民购买更多的房产进行投资，投资住房的需求增加。中国的住宅市场为垄断竞争形式，在短期内住房供给缺乏弹性，而居民的收入水平一定程度上决定着购房的支付能力，即决定着住宅的需求弹性。因此居民收入水平是影响住房价格的最核心的因素。另外，居民对未来价格的判断会在一定程度上反映到当前的价格中，住宅价格预期通过影响需求潜力，进而影响住房价格。

（二）人口规模与吸引力对房价影响不显著，产业结构决定住房购买力

回归结果显示，城市人口规模与吸引能力指标对房价的影响不显著，而服务业发展水平的影响是显著的，说明新增人口数量并不是决定房价的影响因素，决定房价的更深层次的原因是产业结构。首先，服务业所占比重高的城市，说明城市的传统产业在有序转型、产业发展质量方面得到提升，而一个地

区的产业结构决定了居民的收入水平，收入水平直接影响着城市的房价走势。其次，服务业本身会对房地产市场产生新的需求，如金融、咨询等行业的办公地点往往需要设立在商圈繁荣的 CBD 地区，对周围房价有带动作用。再次，服务业的发展在提高从业人员收入的同时，也能促进城市消费结构转变，如咨询等商业服务业的进入，提升了居民的消费结构，会推动当地的物价和住房价格。最后，服务业尤其是相对更优质的生产性服务业较为发达的城市，能够通过产业聚集高端的人才，留在城市落户的能力和机会更多。而以制造业为主的城市，外来人口流动性较强、收入水平较低，留在城市购房居住的能力较低。据统计，2013 年人口净流入 643 万人、位居全国第四的东莞市，人口净流入348 万人、位居全国第八的佛山市，房价均未超过 1 万元/平方米，而区域内的中心城市广州和深圳房价分别为 1.8 万元/平方米、2.4 万元/平方米，东莞、佛山的房价与广州、深圳的差距很大程度上来源于第三产业发展水平。

（三）城市的行政等级和区位影响着城市居住价值

城市的行政等级很大程度上影响着教育、医疗等公共资源的分配，决定了其在区域中所处的地位。一方面，区位条件越好、行政级别越高的城市，对于产业导入更有优势，优质的资源导入的机会越多，相应的居民收入水平也越高，城市的显性和隐性福利相对越多。例如，江苏省南京市 GDP 总量虽然不如苏州、无锡，但南京市的房价却更高。另一方面，行政等级高的城市往往集中了更好的教育、医疗等公共服务资源，拥有的公共资源更多，容易吸附周围城市的高端人才和产业等资源。

（四）住房建设成本尤其是土地成本是房价构成的基础

城市住宅建设成本对房价也有一定的影响，我国的城镇土地归国家所有，房地产企业要进行商品房开发，首先需要通过土地交易从地方政府取得城镇土地的使用权。受地方政府土地财政的影响，土地价格不断攀升。土地购置费的提高直接影响到住房的成本，房地产开发商必然会将土地上涨的成本转移到住房价格上，最终还是由消费者对地价埋单。土地价格的上升将带动房价的上涨，同时房价的上涨也会促进地价的上涨，高房价是"地王"出现的主因。相关研究表明，长期内房价走势决定地价走势、短期内两者存在相互影响（况伟大，2005；况伟大、李涛，2012；高波、毛丰付，2003）。

基于以上分析，可从供给-需求和居住价值两个视角解释中国城市住房价格的差异。供-需视角下，居民的收入水平、需求潜力和住宅建设成本对房价影响显著，在这其中住房需求是带动房价的最主要因素。居住价值视角下，城市的区位与行政等级、第三产业发展水平和基础设施与服务水平是三个主要的影响因素，其中区位与行政等级的影响最显著。综合两种视角的结果，居民收入水平、第三产业发展水平以及行政区位等级是房价空间分异的三大核心影响因素。

本章小结

本章首先说明了进行购买力平价计算以及购买力差异分析的数据来源和处理方法，并对食品、住房、水电燃料、交通、通信、教育、医疗、文娱八大类商品或服务的价格差异与空间格局特征进行了分析。住房价格的地区间差异最大，同时所占比重也很高（仅次于食品），教育和医疗在地区间差异仅次于居住。"买得起房、上得起学、看得起病"所对应的居住、教育、医疗是对居民生活质量影响最大，在地区间的价格差异也最大的三大因素。食品和交通的地区差异相对较小，但其在居民消费中的比重很高，也是影响居民生活质量的不可忽视的因素。各类商品或服务价格的空间分异趋势多表现为"东高西低，南高北低"，其中东部沿海城市群区域的城市物价水平最高。住房是对居民生活质量的影响最大的消费项目，居民收入水平、城市第三产业的发展水平以及城市的行政区位等级是房价空间分异的三大核心影响因素。八大类商品或服务的价格的分异特征，通过购买力平价模型的计算，综合反映为城市的货币购买力水平，这是下一章要研究的内容。

第六章

地区购买力差异的特征与空间分异

购买力指单位货币能买到商品或服务的数量，是影响普通消费者在不同地区实际生活水平的一项重要内容。本章以 100 个典型城市"一篮子"商品的价格和权重为基础数据，以西安市为参照城市进行购买力平价，计算得出 100 个城市的单项比价和综合平价结果——购买力平价指数（地区价格指数）。地区价格指数表示各地区多少数量的人民币等值于西安 1 元人民币的购买力，反映城市总体的货币购买能力和物价水平；单项比价反映城市中各类消费品的价格水平。根据平价结果研究我国地区间购买力差异的程度和空间分异格局，以及不同类型城市的购买力特征。

第一节 地区购买力差异的基本特征

一、购买力平价指数的总体情况

购买力平价指数即地区价格指数，是以全国中等物价水平城市（西安市）为比价对象，对多个单项指标进行综合平价测度的结果。地区价格指数越大，说明该城市的物价水平越高，居民收入的购买能力越低。

（一）购买力平价指数值的统计情况

根据前文设计的区域购买力平均测度模型，计算得到 100 座城市的购买力平价指数和单项指数（见附录）。城市之间购买力平价指数差异较大，购买力平价指数值介于 [0.849-1.662]，大于等于 1 和小于 1 的城市数量各占一半。购买力平价指数最高（物价水平最高）的三个城市是深圳市、上海市、北京市，购买力平价指数值分别为 1.662、1.608、1.601。购买力平价指数最低（物价水平最低）的三个城市是周口市、吴忠市、昭通市，购买力平价指数值分别为 0.849、0.867、0.904。进行购买力平价时，通过预先估算，假设西安市为物价水平中等的城市，购买力平价结果显示西安市的购买力平价指数值为 1.000，排序第 50

位，说明以西安市为参照值是合理且有意义的。除西安市外，郑州市、沈阳市也是物价水平中等的城市，购买力平价指数值分别为 1.0001 和 1.0003。

购买力平价指数的平均值为 1.038、标准差为 0.154。根据购买力平价指数的分布直方图（见图 6-1），可以看出购买力平价指数表现出右偏的特征，并非对称分布，大于 1.000 的城市购买力平价指数值分布较离散，小于 1.000 的城市购买力平价指数值分布较紧密。购买力平价指数值在 1.000±0.1 左右的城市最多，占到总量的 80%，总体分布相对集中。说明不同城市之间综合物价水平的差异客观存在。同时也可以看出，大多数城市的购买力平价指数在 ［0.900 - 1.100］，物价水平特别高或者特别低的城市仍仅为少数。

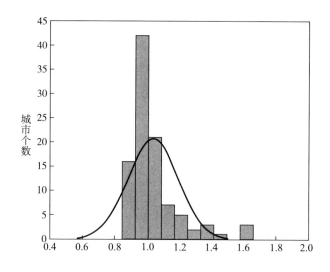

图 6-1　城市购买力平价指数分布直方图

（二）购买力平价指数的空间格局及等级划分

将购买力平价指数值按降序排序，按照城市个数等分的方式，将 100 个测度单元划分为高/特高、较高、中等、较低、低五个等级（等级越高表示物价水平越高），累计比重分别为 20%、40%、60%、80%、100%（见表 6-1）。各等级城市物价水平差异显著，高/特高、较高、中等、较低、低各个等级的购买力平价指数平均值分别为 1.284、1.048、0.991、0.953、0.911，可见高/特高等级的城市购买力平价指数远远高于较高等级，而其他等级之间的差距相对较小。高/特高物价水平地区的购买力平价指数值介于［1.099-1.662］，主要分布在东部沿海地区，其中，购买力平价指数值大于 1.300 的为特高物价地区，主要包括长三角、珠三角、京津冀地区的中心城市以及三亚市；较高物价水平的地区购买力平价指数值介于［1.017-1.097］，中等物价水平的地区购买力平价指数值在 1.000 上下小幅度浮动，介于［0.968-1.015］，这两个等级的城市在全国各个省份都有分布，没有呈现出明显的空间分布趋势；较低和低物价水平地区的购买力平价指数值分别介于［0.936-0.967］、［0.849-0.936］，主要分布在中部及西北地区，其中，河南省周口市、甘肃省吴忠市的物价指数最低。

表 6-1　100 个城市购买力平价指数值及等级划分

高/特高		较高		中等		较低		低	
地区名	指数	地区名	指数	地区名	指数	地区名	指数	地区名	指数
深圳市	1.662	大连市	1.097	三明市	1.015	曲靖市	0.967	牡丹江市	0.936
上海市	1.608	济南市	1.084	石家庄市	1.013	银川市	0.967	大庆市	0.934
北京市	1.601	扬州市	1.084	南昌市	1.010	铜陵市	0.966	汉中市	0.933
广州市	1.493	长沙市	1.072	长春市	1.006	赣州市	0.964	酒泉市	0.931
杭州市	1.376	成都市	1.070	泰安市	1.005	襄阳市	0.963	锦州市	0.928
厦门市	1.363	拉萨市	1.067	包头市	1.004	枣庄市	0.962	平凉市	0.919
三亚市	1.360	武汉市	1.057	安顺市	1.003	宜昌市	0.961	邢台市	0.917
宁波市	1.300	烟台市	1.054	沈阳市	1.000	菏泽市	0.961	格尔木市	0.917
南京市	1.270	呼和浩特市	1.050	郑州市	1.000	常德市	0.960	渭南市	0.915
天津市	1.231	兰州市	1.046	西安市	1.000	安庆市	0.956	巴音郭楞	0.914
汕头市	1.196	贵阳市	1.045	衡阳市	0.993	通化市	0.954	佳木斯市	0.914
福州市	1.191	昆明市	1.037	黄石市	0.989	铁岭市	0.951	运城市	0.911

高/特高		较高		中等		较低		低	
地区名	指数	地区名	指数	地区名	指数	地区名	指数	地区名	指数
绍兴市	1.186	重庆市	1.035	大同市	0.985	滁州市	0.950	伊犁州	0.910
苏州市	1.182	徐州市	1.034	乐山市	0.982	晋城市	0.950	洛阳市	0.909
惠州市	1.131	乌鲁木齐市	1.031	乌海市	0.981	吉林市	0.942	九江市	0.907
海口市	1.119	柳州市	1.022	哈尔滨市	0.976	西宁市	0.942	石嘴山市	0.906
青岛市	1.116	南宁市	1.022	唐山市	0.974	北海市	0.939	哈密地区（现为哈密市）	0.906
南通市	1.106	遵义市	1.022	绵阳市	0.971	楚雄州	0.936	昭通市	0.904
衢州市	1.099	太原市	1.020	鞍山市	0.968	荆门市	0.936	吴忠市	0.867
泉州市	1.099	合肥市	1.017	延安市	0.968	淮南市	0.936	周口市	0.849

二、购买力平价指数与单项比价的关系

（一）住房单项比价差异最大，食品单项比价差异最小

利用核密度函数分别计算综合购买力平价指数和八大类单项比价的估计值，得到综合购买力平价指数和单项比价的核密度曲线（见图6-2）。可见，各项比价的核密度曲线形态不一，单项比价中住房的核密度曲线分布形态为"扁平式"，说明住房价格的差异最大，住房单项比价的分布区间为［0.462-5.130］，最高值北京市是最低值吴忠市的11倍多；然后是教育、医疗比价，两者核密度曲线也较为扁平，分布区间分别为［0.461-2.707］、［0.560-2.583］，说明这两类服务在城市之间差异也较大；食品类比价的核密度曲线分布形态为"高耸式"，说明城市之间食品类的商品价格差异最小，最高值拉萨市为1.212、最低值枣庄市为0.775。水电燃料、交通、通信等单项比价的核密度曲线与综合购买力平价指数的曲线相比略扁平，分布区间依次为［0.772-1.417］、［0.822-1.802］、［0.606-1.668］。

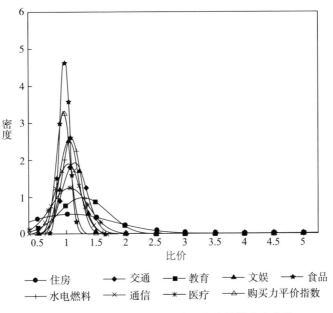

图6-2　购买力平价指数和单项比价的核密度曲线

（二）随着购买力平价指数的增加，单项比价的变化趋势各异

按照购买力平价指数值由低到高进行排序，得到综合购买力平价指数的分布散点图［见图6-3（a）］，可见综合购买力平价指数的增长呈现出指数函数的特征，尤其是购买力平价指数值大于1.1时，指数上扬幅度增大。进一步地以排序的购买力平价指数值为横轴，各单项比价值为纵轴，得到各单项比价变化随购买力平价指数升序的分布图［见图6-3（b）～（i）］。可以看出，随着购买力平价指数的增大，单项比价的分布呈现出不同的特点。其中，住房比价上升趋势最为显著，总体分布与购买力平价指数相对一致，以1.2为界，购买力平价指数小于1.2的城市住房比价低于1.5，购买力平价指数大于1.2的城市住房比价均高于1.5且幅度越来越大；随着购买力平价指数的增加，教育、交通比价也表现出上升的趋势，而食品、水电燃料、文化娱乐的单项比价基本不变，说明这三大类的商品或服务在不同物价水平的地区价格差别不大；医疗和通信比价表现出一定的上升趋势，但是随着购买力平价指数的增加，这两类比价也有许多点是下降的，没有明显的变化趋势，说明医疗和通信类商品或服务价格与总体物价水平的

高低没有必然联系，物价高的地区可能医疗、通信价格并不高。

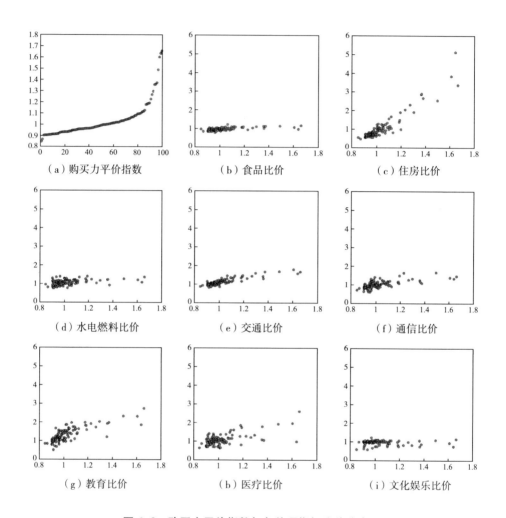

图6-3　购买力平价指数与各单项指标比价分布图

注：图（a）为购买力平价指数散点图，图（b）～（i）为单项比价分布图，以购买力平价指数为 x 轴，各单项比价为 y 轴。

三、单项指标对购买力的贡献度

单项指标的比价反映的是某一类商品或服务的相对价格高低，考虑不同城市各类支出的权重和单项比价，综合计算可以得到单项指标的贡献度。单项指标贡献度与各类支出的权重有一定的相似性，均是反映各项支出在居民日常消费中的比重，但是目前国家统计局以及统计部门的各项消费支出权重，都是在假设全国各类商品或服务价格一致的前提下经过统计计算得出的。而贡献度可以反映在不同的物价水平下，各项支出在居民日常消费中的真实比重，各项指标的贡献度叠加构成综合购买力平价指数。

（一）食品单项对购买力贡献度最高，居住次之

计算居住（住房和水电燃料）、食品、交通通信、教育、文娱、医疗六大类的贡献度，得到各项指标贡献度的累计频率分布（见图6-4），可以反映单项指标贡献度的总体趋势。从图6-4中可以看出，贡献度的总体趋势为：食品>居住>交通通信>文娱>教育>医疗。统计计算单项指标的平均贡献度（见表6-2），可以看出，总体而言食品类比重为30.27%，仍然是居民消费支出的首要方面，居住类比重为18.18%，是第二大支出类别。

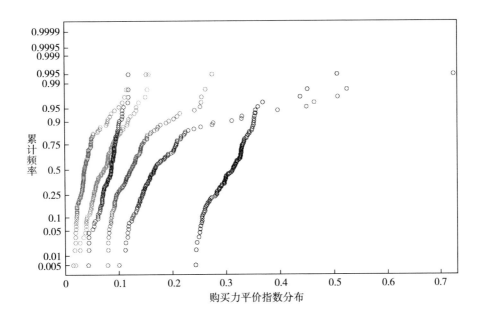

图6-4　单项指标的贡献度累计频率分布

注：累计频率0.05处起，从左至名依次分别为：医疗、教育、文娱、交通通信、居住、食品。

表 6-2　单项指标对购买力平价指数的平均贡献度　　　　单位:%

	食品	居住	交通通信	教育	医疗	文娱	其他
贡献度	30.27	18.18	12.62	7.14	5.11	8.24	18.43

（二）部分城市居住已经超过食品的贡献度

虽然总体上看食品仍然是第一大支出类别，但从单个城市来看，并非所有城市的食品贡献度都是最高的。根据恩格尔定律，居民收入水平越低，其用于购买生存性实物的支出所占的比重就越大。食品贡献度的意义与恩格尔系数等同，可以反映不同地区居民的收入水平。就单个城市的单项指标贡献度来看，有 10 座城市居住的比重已经超过食品（见表 6-3）。这 10 座城市的购买力平价指数排名在前 17 位，均为物价水平高的城市，除三亚市外，其余 9 座城市的食品贡献度均低于 26%。其中，北京市食品贡献度最低，仅为 16.15%，而居住贡献度最高，为 42.74%；上海市食品贡献度也很低（20.45%），居住贡献度为 32.62%；三亚市食品和居住贡献度都很高，交通通信、教育医疗的贡献度均较低。

表 6-3　居住贡献度较高的城市及单项指标贡献度　　　　单位:%

地区	购买力平价指数	排名	食品	居住	交通通信	教育	医疗	文娱
深圳市	1.662	1	21.27	30.56	16.18	9.47	9.18	4.50
上海市	1.608	2	20.45	32.62	16.17	8.11	7.20	3.36
北京市	1.601	3	16.15	42.74	13.07	6.86	4.12	4.00
广州市	1.493	4	23.63	26.55	18.80	8.93	7.52	4.74
杭州市	1.376	5	23.91	25.85	19.15	10.94	3.58	4.70
厦门市	1.363	6	25.23	32.98	12.84	6.99	5.87	3.25
三亚市	1.360	7	32.22	34.08	11.92	4.25	2.29	6.78
南京市	1.270	9	23.95	26.05	13.48	9.17	6.40	5.76
天津市	1.231	10	24.78	26.78	15.48	8.55	3.92	6.35
青岛市	1.116	17	24.48	24.63	14.02	6.37	3.20	6.60

（三）物价水平越高的地区，食品贡献度越低、居住贡献度越高

按照购买力平价指数的分级标准，分别统计各个等级（高/特高、较高、中等、较低、低）购买力平价指数的单项贡献度，发现不同物价水平等级的城市单项指标贡献度各有差异。从图 6-5 中可以看出，购买力平价指数等级越高，即物价水平越高的地区，食品、文娱服务的贡献度越低，而居住、交通通信、教育的贡献度越高。其中，高/特高物价水平地区的食品平均贡献度为 26.42%、居住平均贡献度为 24.51%，而低物价水平的地区食品平均贡献度为 32.72%、居住平均贡献度为 14.90%。由于食品类商品价格在不同城市之间差异较小，高/特高物价水平地区用于食品的支出额与其他地区大体一致，高/特高物价水平地区的居民通常收入较高，因此食品支出所占的比重较低。而住房价格在不同城市之间差异较大，高/特高物价水平地区通常房价较高，并且房价高的程度远大于收入高的程度，因此居住所占的比重较高。

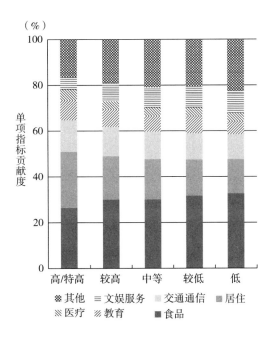

图 6-5　不同物价水平等级城市各单项指标的贡献度

总体来看，不同物价等级的地区，单项指标贡献度最高的仍然依次为食品、居住。与总体的贡献度排名有所区别的是，高/特高物价水平地区的教育、医疗贡献度较高，低物价水平区域的教育、医疗贡献度较低，说明高/特高物价水平地区居民需要将更多的收入投入教育和医疗支出中。

第二节　地区价格指数空间分异的综合测度

一、购买力平价指数的空间分异特征

（一）"梯度化"空间分异特征

按照我国四大经济区域对 100 座城市进行划分，计算东部、中部、西部、东北四大地区购买力平价指数的平均值（见表 6-4）。结果表明城市综合购买力水平性呈现出"梯度化"特征，平均购买力平价指数排序为：东部>西部>中部>东北。而且东部地区购买力平价指数平均值高达 1.187，远远高于其他三大地区的平均值，表明东部地区城市的物价水平相对很高；中部、西部、东北三大地区的购买力平价指数平均值相差不大且均小于 1，中部和东北地区的购买力平价指数平均值略低于西部地区，经济社会发展较落后的西部地区购买力平价指数平均值为 0.974，物价水平并不是全国最低的。

表 6-4　四大地区购买力平价指数平均值

地区名称	东部	中部	西部	东北
购买力平均指数平均值	1.187	0.968	0.974	0.967

根据本章第一节中对购买力平价指数的五个等级的划分，计算四大地区中不同购买力水平的城市个数所占比重，测度不同购买力平价指数等级的城市在各地

区的分布差异（见图6-6）。处于高/特高物价水平等级的城市全部位于东部地区，少数东部地区城市分布于低物价水平等级；西部地区城市分布在较高和低物价水平等级的最多，在中等和较低水平也有普遍的分布；中部地区城市分布在较低物价水平等级的最多，在较高、中等、低物价水平等级也有分布；东北地区的城市大多分布在中等及以下物价水平。

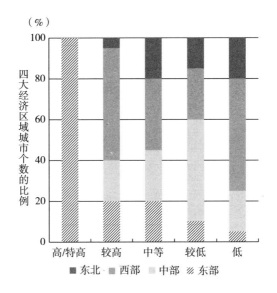

图6-6　不同购买力等级城市在东、中、西、东北地区的比例

（二）"东高西低、南高北低"的空间分异趋势

趋势面可以模拟地理要素在空间上的分布规律和变化趋势（徐建华，2002），采用"趋势面分析"法（采用二阶多项式计算趋势值），抽象出100座城市购买力平价指数的空间分异趋势。运用 ArcGIS 地统计模块的空间趋势分析工具（TrendAnalysis），得到结果如图6-7所示。X轴表示购买力平价指数在"东—西"方向的分异，Y轴表示购买力平价指数在"南—北"方向的分异，Z轴表示购买力平价指数值的大小。可见，购买力平价指数在空间上高低差异显著，东南方向值最高（Z轴），总体趋势表现为东高西低、南高北低，即在"东—西"方

向和"南—北"方向均呈现出显著的分异特征。

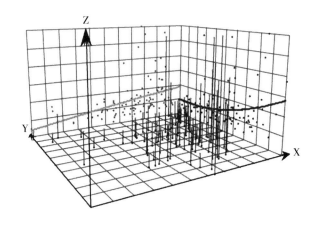

图6-7　购买力平价指数的空间分异趋势

二、购买力平价指数的空间关联程度与格局

（一）购买力平价指数空间分布具有集聚特征

应用 ArcGIS 10.0 的空间自相关模块计算 Moran's I 指数，测度中国城市综合购买力的总体空间集聚趋势，表6-5 为综合购买力平价指数和各单项比价的全局自相关 Moran's I 指数值。通过 Z 统计量检验，Moran's I 指数在 1% 的置信水平上显著，100 个地级单元城市购买力平价指数表现为正的空间自相关，说明相邻城市的城市购买力平价指数在空间分布上呈现出集聚特征，购买力平价指数较高的城市相邻近（高值集聚），购买力平价指数较低的城市也相互邻近（低值集聚）。

从单项比价来看（见表6-5），食品、水电燃料、交通、教育和医疗的 Moran's I 数值较大，表明这几类商品或服务的价格在临近城市之间具有紧密联系，价格空间集聚程度较高。其中，食品类价格集聚程度高，可能是由于食品更多地依赖本地或周边地区供应，而距离相近的地区具有相似的自然生产条件和交通运输能力，食品类商品的生产成本和流通成本存在空间集聚性。水电燃料、交通、教育、医疗等类的集聚，可能是由于临近地区属于同一上级行政区（省级单元）管辖，统一制定了公共资源和公共服务的定价，如教育和医疗多采用省级层面定价的方式。通信、住房、文娱的 Moran's I 数值较小，表明这几类商品或服务也存在正的空间相关，但空间集聚程度较低。

表6-5　中国城市购买力平价指数和各单项比价的全局自相关 Moran's I 指数

	购买力平价指数	食品	住房	水电燃料	交通	通信	教育	医疗	文娱
Moran's I	0.229	0.252	0.115	0.250	0.233	0.082	0.247	0.219	0.141
Z-score	8.339	8.920	4.492	8.831	8.314	3.149	8.773	7.994	5.206
P-value	0.000	0.000	0.000	0.000	0.000	0.002	0.000	0.000	0.000

（二）高物价地区集中于东南沿海、低物价地区集中于黄河中游

通过计算综合购买力平价指数和单项比价的 Getis-Ord G_i^* 值，来反映中国城市购买力的空间集聚特征。Getis-Ord G_i^* Z 值的大小可以反映空间集聚的置信度，$|Z|>2.58$ 表示在99%的置信水平显著，为热/冷点区；$1.96<|Z|<2.58$ 表示在95%的置信水平显著，为次热/冷点区；$1.65<|Z|<1.96$ 表示在90%的置信水平显著，为弱热/冷点区；$|Z|<1.65$ 则说明置信度低于90%，空间自相关不显著。根据置信水平，将研究区域划分为热点区、次热点区、弱热点区、过渡区、弱冷点区、次冷点区、冷点区七个级别。其中热点区是购买力平价指数高且集中分布的区域，为高物价水平集聚区；冷点区是购买力平价指数低且集中分布的区域，为低物价水平集聚区。

如表6-6和表6-7所示，研究区的100个城市购买力平价指数在少数区域表现出高值/低值集聚，Z 值显著的共有34个城市，其中热点区域已经呈现明显的集中态势、冷点区域范围相对较小，还有许多地区没有呈现出显著的空间自相关，为过渡区。购买力平价指数较高的区域呈现出较显著的集中态势，热点区域集中在长三角、珠三角及东南沿海地区。其中，珠三角的深圳、广州、汕头、惠州、厦门、福州，长三角的上海、宁波等城市区域为热点区，即高值集聚最显著

的地区；江浙地区的南通、绍兴、杭州、衢州、苏州等为热点区外围，购买力平价指数的高值集聚也较为显著，为次热点区；京、津为弱热点区，也表现出一定程度的空间集聚。冷点区呈点状分布在甘肃省渭南市和山西省运城市，尚未出现明显集中趋势；次冷点区域和弱冷点区分布在我国版图的中部，其中次冷点区主要分布在中西部的陕西省大部、河南省中西部、山西省西南部、湖北省西部，其外围的甘肃省、宁夏回族自治区、内蒙古自治区的西南部以及东北的少数城市为弱冷点区。

表6-6 购买力平价指数高值集聚地区（高物价水平集聚区）

集聚类型	地区	购买力平价指数	GiZScore
热点区	深圳市	1.662	4.20
	汕头市	1.196	3.99
	惠州市	1.131	3.55
	海口市	1.119	3.42
	宁波市	1.300	3.27
	厦门市	1.363	3.13
	福州市	1.191	2.85
	上海市	1.608	2.80
	广州市	1.493	2.65
次热点区	南通市	1.106	2.58
	绍兴市	1.186	2.57
	杭州市	1.376	2.44
	衢州市	1.099	2.39
	苏州市	1.182	2.22
弱热点区	北京市	1.601	1.89
	天津市	1.231	1.68

表6-7　购买力平价指数低值集聚地区（低物价水平集聚区）

集聚类型	地区	购买力平价指数	GiZScore
弱冷点区	银川市	0.967	−1.67
	长春市	1.006	−1.68
	吉林市	0.942	−1.71
	西宁市	0.942	−1.74
	兰州市	1.046	−1.76
	吴忠市	0.867	−1.86
次冷点区	宜昌市	0.961	−2.14
	晋城市	0.950	−2.16
	周口市	0.849	−2.18
	郑州市	1.000	−2.20
	平凉市	0.919	−2.24
	荆门市	0.936	−2.27
	洛阳市	0.909	−2.29
	西安市	1.000	−2.47
	延安市	0.968	−2.52
	襄阳市	0.963	−2.54
冷点区	运城市	0.911	−2.61
	渭南市	0.915	−2.65

　　总体来看，城市购买力的空间分布具有集聚特征，热点区（高物价集聚）集中在东南沿海，冷点区（低物价集聚）集中在我国黄河中游一带，热点区域集中的显著程度大于冷点区域。但是空间相互关联程度不是特别强，多表现为在90%和95%的置信水平显著的次热/冷点区，99%置信程度显著的热/冷点区范围较小，且一半左右的地区为过渡区，未表现出空间关联特征。

　　购买力平价指数所反映的地区购买力差异的上述空间分异特征，是多个层面的因素作用的结果。首先，商品的生产价格、供需状况以及从商品到消费者的交易成本（市场完善度、地理区位、交通成本）等共同作用导致不同地区物价水平差异。经济发展水平是生产和消费活动的基础，利润、技术水平、收入水平、市场完善度等都是经济发展水平的表现。因此地区价格指数深受经济发展水平的影响，多种因素的共同作用也可能导致物价水平与经济发展水平的不一致。其次，不同类别的商品或服务的地区差异特点各异，其影响因素也不同。食品价格的差异可能是受地形、气候、农业生产条件，以及交通条件和运输成本高低决定的。而居住、医疗、教育等服务消费由于在地区间基本不能流动，则更多地受居民收入水平、人口规模、区位等因素的影响。最后，不同地区的居民消费习惯有差别，各项消费支出权重也有不同。由于住房和服务类消费的价格往往差异较大，这类消费所占比例越高的地区，居民实际收入受价格的影响越明显。

第三节　不同类别城市购买力差异及特征

城市的人口规模、经济发展水平以及城市类型等属性，可能与城市购买力有关联特征，对购买力差异产生直接的影响。

一、城市规模与购买力的关联特征

以 2012 年市辖区常住人口数量为统计口径反映城市规模，分析城市规模与购买力之间的关系。

（一）单个城市并非规模越大，购买力平价指数就越高

从单个城市来看，购买力平价指数与城市规模没有明确的线性关系，随着城市规模的递增，购买力平价指数存在明显的高低波动。研究区内的 100 个城市，有的城市规模较小，而购买力平价指数很高，如三亚市、绍兴市市区人口分别为 57.3 万、65.7 万，购买力平价指数值分别为 1.357、1.181；也有的城市规模很大，而购买力平价指数较低，如沈阳市市区人口 522.1 万，购买力平价指数仅为 0.992。

但是从总体来看，城市规模等级与购买力平价指数存在关联。以市辖区人口

100 万和 200 万为分界线，市辖区人口小于 100 万的购买力平价指数范围为
［0.847-1.357］，并且 85.37% 的城市购买力平价指数小于 1，即 100 万人口以下
的城市物价水平相对较低；市辖区人口界于 100 万至 200 万的城市购买力平价指
数范围为［0.897-1.360］，其中 63.64% 的城市购买力平价指数小于 1；市辖区
人口大于 200 万的城市购买力平价指数范围为［0.960-1.656］，其中购买力平价
指数小于 1 的仅占 16.22%，200 万人口以上的城市物价水平相对较高。随着城
市规模的增加，购买力平价指数总体是上升的趋势（见图 6-8）。

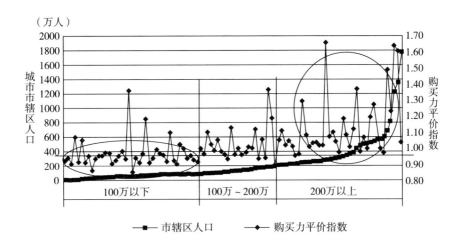

图 6-8　购买力平价指数与城市规模对应关系

（二）购买力平价指数呈现等级规模化分布特征

2014 年 11 月 20 日，国务院印发了《关于调整城市规模划分标准的通知》，
明确了新的城市规模划分标准。以城区常住人口为统计口径，将全国城市划分为
五类七档：小城市（小于 50 万）、中等城市（50 万～100 万）、大城市（100 万～
500 万）、特大城市（500 万～1000 万）、超大城市（大于 1000 万），小城市和大
城市又分别划分为两档，小城市分为 Ⅰ 型小城市（20 万～50 万）、Ⅱ 型小城市
（小于 20 万），大城市分为 Ⅰ 型大城市（300 万～500 万）、Ⅱ 型大城市（100 万～
300 万）。城区是指在市辖区和不设区的市，区政府、市政府驻地的实际建设连

接到的居民委员会所辖区域和其他区域。按照新标准，2013年超大城市7座，分别是北京、上海、天津、重庆、广州、深圳、武汉；特大城市11座，分别是成都、南京、佛山、东莞、西安、沈阳、杭州、苏州、汕头、哈尔滨和香港。

按照最新的城市规模划分标准，研究范围的100座城市包含超大城市7座、特大城市8座（佛山、东莞、香港不在研究范围内）、Ⅰ型大城市12座、Ⅱ型大城市32座、中等城市26座、小城市15座（均为Ⅰ型小城市）。分组计算不同规模等级城市购买力平价指数的平均值，发现城市平均购买力平价指数随着城市规模等级的增加呈现递增趋势，各组的购买力平价指数排序为：超大城市>特大城市>大城市>中等城市>小城市。超大城市的平均购买力平价指数高达1.213，而小城市的购买力平价指数仅为0.946，相当于购买同等数量和质量的商品，小城市的居民所付的人民币仅为超大城市居民的0.78倍。通过比较各等级城市平均购买力平价指数的差值发现，中等城市与小城市之间购买力平价指数差距较小，而特大城市与大城市之间、超大城市与特大城市之间的购买力平价指数差距较大（见表6-8）。

表6-8　不同规模城市的平均购买力平价指数

城市规模	超大城市	特大城市	Ⅰ型大城市	Ⅱ型大城市	中等城市	小城市
平均购买力平价指数	1.213	1.129	1.037	1.031	0.972	0.946
组间差值	0.084	0.092	0.006		0.059	0.026

综合上述分析，就单个城市来说，并非城市人口规模越大，物价水平就越高，即大城市物价不一定高，中小城市物价也不一定低。但从总体的趋势来看，随着城市规模的增加，总体的物价水平也呈上升的趋势，超大城市和特大城市的物价水平明显高于普通大城市和中小城市，生活在该等级规模城市的居民收入的购买能力较低，中等城市和小城市总体的物价水平相对较低，居民收入的购买能力相对较高。

二、城市经济发展水平与购买力的关联特征

经济发展水平和人均收入越高的城市，物价水平是否也越高呢？下面以人均GDP 和城镇居民人均可支配收入为基础数据，分析城市经济发展及收入水平与购买力的关系。

（一）人均 GDP 不能反映城市购买力的高低

用 2012 年城市市辖区人均 GDP 来反映城市经济发展水平，分析城市经济发展与购买力之间的关系。研究发现购买力平价指数并不与经济发展水平同步，经济发展水平高的城市物价水平不一定高，经济发展水平低的城市物价水平也不一定低。通过计算，得到购买力与城市经济发展水平两者的相关系数仅为 0.28，说明两者不存在线性关系，人均 GDP 对购买力的影响存在不确定性。例如，人均GDP 前三位的城市为大庆市、深圳市、包头市，购买力平价指数依次为 0.931、1.656、0.991，人均 GDP 末三位的城市为昭通市、平凉市、安顺市，购买力平价指数依次为 0.900、0.919、0.996，而人均 GDP 最高的大庆市比人均 GDP 倒数第三位的安顺市购买力平价指数还要高。因此，反映经济发展水平的人均 GDP并不能反映该城市货币购买力的高低。

从图 6-9 中可以看出，随着城市经济发展水平的提升，购买力平价指数并没

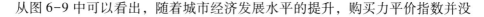
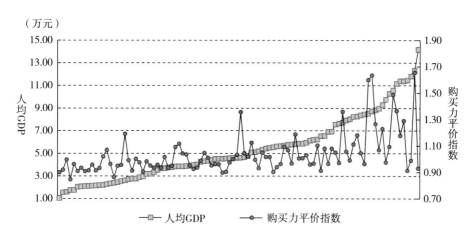

图 6-9　购买力平价指数与人均 GDP 对应关系

有明显的上升或下降趋势，而是不规则的变动，并且随着城市人均 GDP 的增加，购买力平价指数的震荡幅度在扩大。也就是说人均 GDP 较低的城市购买差异较小，而人均 GDP 较高的城市之间购买力差异较大。

（二）收入水平与购买力平价指数存在一定的线性关系

用 2012 年城镇居民人均可支配收入反映城市居民的收入状况，分析收入水平与购买力之间的关系。从单个城市来看，并非收入水平越高的城市购买力平价指数越高，包头、西安、沈阳、乌海等城市收入水平较高，购买力平价指数仅在 0.991~0.996，而三亚市收入水平中等，购买力平价指数高达 1.357。

但从总体的趋势来看，随着城镇居民收入水平的提升，城市购买力平价指数在波动中不断上升（见图 6-10），并且购买力随收入水平提升的波动幅度低于随人均 GDP 提升的波动幅度，即与同等经济发展水平的城市相比，同等收入水平的城市物价水平更趋向于一致。回归分析得到，城镇居民人均可支配收入与购买力之间的相关系数为 0.64，除去特殊值三亚后，相关系数可以达到 0.75，收入水平与购买力平价指数存在一定的相关性。因此收入水平能在一定程度上反映城市物价水平的高低，但具体城市在内外部因素的影响作用下，可能会呈现出过高或过低的物价水平。

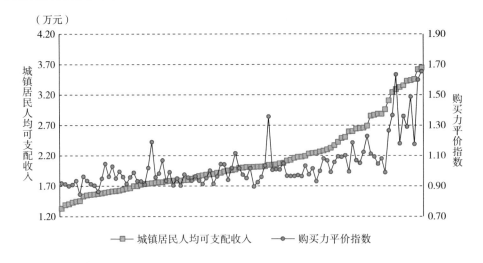

图 6-10 购买力平价指数与城镇居民人均可支配收入对应关系

三、城市类型与购买力的关联特征

通过以上对购买力平价指数与城市规模、城市经济发展及收入水平的关联分析，发现这些指标均不能反映城市购买力水平。有些城市规模大，经济发展与收入水平较高，购买力平价指数相对较低，也有些城市规模小，经济发展与收入水平不高，购买力平价指数相对却很高。例如，2012 年三亚市市辖区人口 57.3 万，人均可支配收入 2.04 万元，购买力平价指数高达 1.357；同等规模的乌海市市辖区人口 54.8 万，人均可支配收入 2.23 万元，购买力平价指数仅为 0.977。三亚市是旅游业发达的城市，而乌海市是典型的资源型城市。因此城市的物价水平可能与城市的类型、发挥的职能不同有关。

其中，资源型城市是指以资源开采为主导产业的城市（韩学键等，2013）。根据 2013 年 11 月国务院印发的《全国资源型城市可持续发展规划（2013-2020年）》，全国共有 262 个资源型城市，其中地级行政单元的资源型城市共 126 个，本书研究范围内共有资源型城市 34 座（见表 6-9）。

表 6-9　资源型城市、旅游城市名单

城市类型	城市名称
资源型城市	唐山市、邢台市、大同市、晋城市、运城市、包头市、乌海市、鞍山市、吉林市、通化市、大庆市、牡丹江市、徐州市、淮南市、铜陵市、滁州市、三明市、赣州市、枣庄市、泰安市、洛阳市、黄石市、衡阳市、安顺市、昭通市、曲靖市、楚雄市、渭南市、延安市、平凉市、格尔木市、石嘴山市、哈密地区（现为哈密市）、库尔勒市
旅游城市	太原市、大同市、晋城市、运城市、南京市、杭州市、衢州市、安庆市、厦门市、九江市、泰安市、郑州市、洛阳市、武汉市、南宁市、北海市、三亚市、乐山市、贵阳市、遵义市、安顺市

原国家旅游局（现为文化和旅游部）的"优秀旅游城市"评选、福布斯"旅游业发达城市"评选以及相关研究多以旅游总收入、接待游客人数、星级酒店个数等指标为主，只能反映城市旅游业的总量衡量总体的发展情况，不能反映

旅游业在城市经济发展中的重要程度。以旅游总收入占 GDP 的比重来衡量旅游业在城市经济发展中的地位，将 2012 年旅游总收入（包含国内旅游收入和国际旅游外汇收入）占 GDP 总量 15% 以上的城市，划定为旅游依赖型城市，本章研究范围内旅游依赖型城市 21 座，其中大同、晋城、运城、泰安、洛阳、安顺 6 座城市同时也是资源型城市（见表 6-9）。

对资源型城市、旅游依赖型城市，以及普通综合型城市的购买力特征进行分析，不同类型城市的购买力平价指数平均值及各项指标贡献度如表 6-10 所示。

表 6-10　不同类型城市购买力平价指数平均值及各项指标贡献度

	购买力平价指数平均值	贡献度（%）					
		食品	居住	交通通信	教育	文娱	医疗
资源型城市	0.954	30.87	15.77	11.82	6.83	9.41	3.83
旅游依赖型城市	1.094	30.59	21.47	13.41	7.31	6.72	3.94
综合型城市	1.078	29.19	19.87	13.27	7.37	7.58	4.54

（一）资源型城市物价水平整体较低

三个类型的城市中，资源型城市购买力平价指数最低，平均值为 0.954。从各大类支出的贡献度来看（见表 6-10），资源型城市食品类支出的贡献度最高，居住、交通通信、教育、医疗等类支出的比重相对较低。这表明资源型城市居民支出中用于购买食物的支出较高，居民收入水平有限。

34 座资源型城市的购买力平价指数区间范围为 ［0.904-1.034］，指数分布相对集中，其中 30 座城市购买力平价指数介于 ［0.904-0.944］，只有徐州市、三明市、泰安市、安顺市 4 座城市购买力平价指数略大于 1，指数值分别为 1.034、1.015、1.005、1.003，其中泰安市和安顺市同时又是旅游依赖型城市，可能是其购买力平价指数偏高的原因。

从资源型城市的单项平价结果来看，住房、食品、通信等单项价格明显低，尤其是住房单项比价大多介于［0.600-0.700］，明显低于其他支出类别的比价，导致该类城市整体物价水平偏低。图6-11中各单项指标分布的离散程度可以反映资源型城市之间物价差异的大小，食品、住房、交通类商品的比价分布相对集中；而教育、水电、通信、医疗等类比价的分布相对离散，城市之间差异较大。

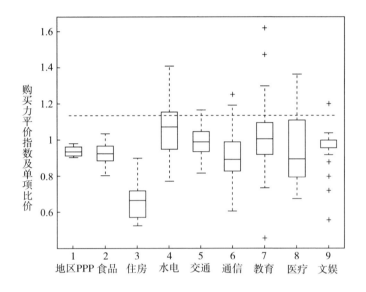

图6-11　资源型城市购买力平价指数及单项指标平价值

（二）旅游依赖型城市物价水平相对较高

相关研究表明，旅游业发展在促进当地经济发展的同时往往带来物价上涨（依绍华，2004；王瑞琳，2013）。本章研究发现，旅游依赖型城市购买力平价指数平均值为1.094（同时也是资源型城市的6座城市也参与该值计算），是三个类型城市中最高的。从各大类支出的贡献度来看（见表6-10），居住和交通的贡献度分别为21.47%、13.41%，贡献度高于其他类型的城市，食品的贡献度也达到了30.39%，这说明旅游者的到来对当地商品或服务的需求增加，尤其是酒店住宿、交通出行、饮食等方面，会相应地带来当地物价上涨，使当地居民生活成本上升。

　　旅游依赖型城市的购买力平价指数分布相对分散（见图6-12），区间范围为[0.907-1.376]，杭州、三亚、厦门等城市指数值高达1.360以上。从单个城市来看，大多数城市购买力平价指数高于平均水平，21座旅游依赖型城市中只有8座城市的购买力平价指数小于1，而且其中4座城市（大同市、晋城市、运城市、洛阳市）均为典型的资源型城市。从单项平价结果中可以看出，住房、水电、交通、教育四项的比价高于1，尤其房价离散程度很大，是旅游依赖型城市较高物价水平的主要原因。

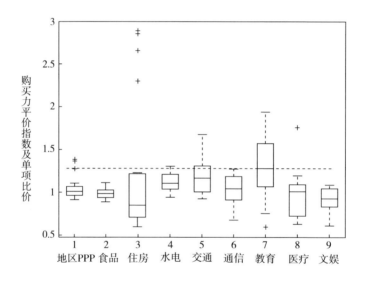

图6-12　旅游依赖型城市购买力平价指数及单项指标平价值

　　三亚市和安顺市是两个奇异值，旅游业总收入占GDP的比重分别高达58.00%、53.03%，而两座城市的规模、经济发展水平、居民收入水平相对同等购买力平价指数的城市都比较低，可以说明旅游业的发展对于这一类城市物价水平的上涨有显著的影响。

本章小结

本章对购买力平价的结果进行分析，购买力平价指数值越大，说明该地区物价水平越高，居民收入的购买能力越低。采用核密度分析等方法分析购买力平价指数的总体分布特征与空间密度分布，发现购买力平价指数介于［0.849 - 1.662］，城市之间购买力平价指数差异较大，其中食品和居住的贡献度最大；采用趋势函数分析购买力平价指数的总体空间分异趋势，发现购买力平价指数及单项比价大多呈现出"东高西低、南高北低"的态势；采用探索性空间数据分析探究购买力平价指数的空间关联程度与关联格局，发现购买力平价指数空间分布具有集聚特征，物价水平较高的区域集中在东南沿海、物价水平较低的区域集中在黄河中游地区。对不同属性城市购买力差异特征的分析表明，单个城市的人口规模、城市经济发展水平均不能表征城市的购买力水平，但是从全部研究对象总体来看，购买力水平与城市规模、城市经济发展水平又存在一定的关联特征。城市的类型、发挥的职能与购买力的关联特征显著，资源型城市物价水平整体较低，旅游依赖型城市物价水平相对较高。

第七章

地区购买力差异对实际收入差距的影响

前文的研究表明，地区之间的物价水平差异显著，等额收入在不同地区所能够买到的商品或服务不同。不同地区的实际收入存在被高估或低估的现象，以名义收入测度的区域收入差距也在一定程度上失真，消除价格因素影响后的实际收入才能反映地区间生活水平的真实差距。本章运用购买力平价指数消除地区货币名义收入的偏差，将名义收入转换为实际收入，并测度真实的区域发展差距。进一步根据收入与物价水平的差异程度对城市进行综合分类，提出地区购买力差异的分类应对与调控措施。

第一节　名义收入与实际收入的差异

一、名义收入转换为实际收入

　　消除地区间物价因素的影响是对购买力平价结果的应用。在购买力平价的过程中，衣着、家庭设备及用品、其他等几类商品或服务，由于其在地区间价格差异不大加之数据难以获取，这几类商品价格假设为一致，约占20%（具体城市的比例根据其消费支出份额计算）。因此在将名义收入转换为实际收入时，需要将名义收入分为两部分计算，80%左右参与转换，20%左右不参与转换。

$$实际收入 = 名义收入 \times f_1 + 名义收入 \times f_2 / 购买力平价指数^* \qquad (17-1)$$

　　式中，f_1 指不参与转换的比重，根据各城市消费支出中假设物价无差异的比例计算，f_2 指参与转换的比重，购买力平价指数*指不考虑衣着、家庭设备及用品、其他三类商品或服务的购买力平价指数，$f_1 + f_2 = 1$。

二、实际收入与名义收入的差异

（一）实际收入的取值范围缩小

　　对100个城市的城镇居民人均可支配收入进行转换得到实际收入，转换后名义收入高值有所降低、低值有所提高或者保持不变，实际收入的取值范围缩小了。2012 年人均可支配收入最大值为深圳市 40742 元，最小值为平凉市 15506元，最大值是最小值的 2.63 倍，运用购买力平价指数消除物价因素后的实际人均可支配收入最大值为包头市 34968 元，最小值仍然是平凉市 16345 元，最大值是最小值的 2.14 倍。

（二）购买力平价指数决定着实际收入与名义收入的差异

购买力平价指数的大小决定着地区实际收入与名义收入的差异大小，购买力平价指数绝对值越大的城市，实际收入与名义收入变化越大。100 个城市中有 43个城市名义收入高于实际收入，45 个城市名义收入低于实际收入，12 个城市名义收入与实际收入大致相同。

以名义收入前 20 位和末 20 位城市的实际收入排名变化为例看具体城市的排名变化。排名前 20 位的城市中有一半位次提升、一半位次下降（见表 7-1）。名义收入位列第一的深圳市实际收入下降到第 33 位，北京市由名义收入的第 8 位下降到第 37 位，是排序变化最大的城市之一。上海市、广州市、天津市的实际收入排名也远远落后于其名义收入。实际收入位次提高的城市没有下降的城市排名变化幅度那么大，变化最大的西安市、包头市，分别提高了 12 个和 10 个位次。这说明由于物价水平的影响，部分较高名义收入地区的物价水平较高，居民购买商品或服务的能力非常有限，居民的生活质量并不像名义收入那样高；也有部分城市名义收入较高，物价水平相对并不高，实际收入排名提升。

表 7-1   排名前 20 位的城市名义收入与实际收入变化

城市	名义收入	排名	实际收入	排名
深圳市	40742	1	24737	33
上海市	40188	2	26151	18
苏州市	39079	3	33074	2
广州市	38054	4	25204	27

续表

城市	名义收入	排名	实际收入	排名
宁波市	38043	5	28852	9
厦门市	37576	6	27461	13
绍兴市	36911	7	30364	5
北京市	36469	8	24213	37
杭州市	35704	9	25797	20
南京市	35092	10	27819	12
包头市	33488	11	34968	1
呼和浩特市	32646	12	32612	3
济南市	32570	13	31027	4
泉州市	32283	14	28736	10
青岛市	32145	15	29783	7
长沙市	30288	16	27931	11
烟台市	30045	17	29430	8
西安市	29982	18	29982	6
惠州市	29965	19	25314	24
天津市	29626	20	23698	42

　　排名末 20 位的城市中有 75% 位次提升、20% 位次下降、5% 位次不变，其中排名末 10 位的城市位次均有所提升（见表 7-2）。其中实际收入位次提升最多的为吴忠市，提升了 25 个位次，周口市提升了 21 个位次。平凉市的名义收入和实际收入均为 100 座城市中最末的。这说明大部分名义收入较低的城市物价水平不高，这些城市居民收入具有较高的购买能力，实际收入排名有所提升。也有少数城市名义收入较低，物价水平却较高，居民收入可以购买到的商品或服务更加少，导致实际收入排名更加落后。

表7-2 排名末20位的城市名义收入与实际收入变化

城市	名义收入	排名	实际收入	排名
菏泽市	19140	81	20571	74
宜昌市	18775	82	19299	84
赣州市	18704	83	19419	82
邢台市	18639	84	20422	78
安顺市	18617	85	18284	91
铁岭市	18587	86	19753	81
哈密地区（现为哈密市）	18454	87	21059	69
兰州市	18443	88	17805	95
乌鲁木齐市	18385	89	18360	90
库尔勒市	18026	90	20362	79
吴忠市	17845	91	21144	66
荆门市	17678	92	18663	89
西宁市	17634	93	18961	88
襄阳市	17532	94	17990	93
伊宁市	16883	95	19167	86
牡丹江市	16704	96	18078	92
周口市	16503	97	20468	76
昭通市	16394	98	17680	96
佳木斯市	15713	99	17428	97
平凉市	15506	100	16345	100

第二节　实际收入测度的真实发展差距

区域发展差异是我国经济发展中存在的突出问题之一，目前的研究多以人均GDP等名义指标衡量区域差异（徐建华等，2005；陈培阳、朱喜钢，2012）。然而考虑价格因素的实际收入反映的才是真实的生活水平，实际收入才能反映真实的区域发展差异格局。

一、实际收入的差异程度

（一）东部沿海地区与中西部地区的发展差距实际要小得多

从各城市名义收入和实际收入的空间分布可以看出，名义收入分布特征为东部地区收入较高、中西部地区较低，收入最高的城市大多分布在东部沿海。而与名义收入相比，消除了物价影响后的实际收入格局发生了变化，实际收入最高和最低等级的城市数量均有所减少。也就是说，总体而言，东部地区的实际收入有所降低、中西部地区的实际收入有所提高，城市之间的收入差距总体是缩小的。具体而言，东部沿海的长三角、珠三角、京津等地区的核心城市实际收入大多下降了一个等级。如表7-3所示，三亚、海口、深圳、北京、汕头、广州、天津、衢州实际收入的排名比名义收入排名下降了20位以上。实际收入提升的主要是中部及部分西部地区的城市。如表7-4所示，洛阳、吴忠、石嘴山、周口、运城这五个中西部城市实际收入排名提升了20位以上。从南—北方向看，长江以南的城市收入水平大多下降了，西北地区的城市收入水平大多提升了。

表 7-3　实际收入下降的主要城市

城市	名义收入	排名	实际收入	排名	排名下降
三亚市	23295	41	16643	98	57
海口市	22992	44	19266	85	41
深圳市	40742	1	24737	33	32
北京市	36469	8	24213	37	29
汕头市	20024	74	16452	99	25
广州市	38054	4	25204	27	23
天津市	29626	20	23698	42	22
衢州市	26232	27	23142	48	21
贵阳市	21796	56	20570	75	19
上海市	40188	2	26151	18	16
福州市	29399	21	24257	36	15
扬州市	25712	28	23615	43	15
柳州市	22181	53	21072	68	15
拉萨市	19545	79	17958	94	15
三明市	23429	40	22525	54	14
徐州市	21716	57	20847	71	14
南宁市	22561	50	21447	63	13
杭州市	35704	9	25797	20	11
衡阳市	20380	69	20255	80	11
石家庄市	23038	42	22819	52	10
遵义市	19748	77	19050	87	10

表 7-4　实际收入提升的主要城市

城市	名义收入	排名	实际收入	排名	排名上升
洛阳市	22636	48	26033	19	29
吴忠市	17845	91	21144	66	25
石嘴山市	20294	71	22945	50	21

续表

城市	名义收入	排名	实际收入	排名	排名上升
周口市	16503	97	20468	76	21
运城市	19661	78	21951	58	20
大庆市	25223	33	27340	14	19
格尔木市	21252	62	23506	44	18
哈密地区（现为哈密市）	18454	87	21059	69	18
渭南市	21808	55	23890	39	16
乌海市	25447	30	27223	15	15
九江市	20330	70	22491	55	15
锦州市	22995	43	25083	29	14
吉林市	22068	54	23799	40	14
延安市	24748	34	25586	21	13
枣庄市	22960	47	24633	34	13
晋城市	22539	51	24075	38	13
酒泉市	20062	73	21790	60	13
西安市	29982	18	29982	6	12
泰安市	25659	29	26345	17	12
鞍山市	24194	38	25261	26	12
汉中市	19827	76	21270	65	11
库尔勒市	18026	90	20362	79	11
包头市	33488	11	34968	1	10
沈阳市	26431	26	26698	16	10
银川市	21620	61	22842	51	10

（二）实际收入的区域差异程度缩小

采用变异系数和总熵指数两个指标来测算用名义收入与实际收入测度的差异程度。两个指标的计算结果均表明，实际收入的差异比名义收入缩小了（见表7-5）。也就是说我们往往用名义指标测度的区域发展差距是被高估了，用实际收入衡量的区域发展差距远没有名义收入那么大。

表7-5　名义收入差异与实际收入差异比较

差异系数	名义收入	实际收入
变异系数	0.253	0.164
总熵指数	0.063	0.041

虽然实际收入缩小了，但这并不代表区域发展实现了均衡，区域发展差距仍然存在。差异的表现形式仍然是东部、中部、西部三大地带之间的差异。

二、实际收入的空间集聚格局

为比较名义收入与实际收入的空间关联格局的差异，分别计算名义收入和实际收入的 Getis-Ord G_i^* 值，根据 Getis-Ord G_i^* Z 值的大小，$|Z| > 2.58$ 表示在99%的置信水平显著，为热/冷点区；$1.96 < |Z| < 2.58$ 表示在95%的置信水平显著，为次热/冷点区。根据置信水平，将研究区域划分为热点区、次热点区、过渡区、次冷点区、冷点区五个级别。热/次热点区表示收入水平高的城市在周围集聚，冷/次冷点区表示收入水平低的城市在周围集聚。

如表7-6、表7-7所示，名义收入与实际收入空间集聚情况不同，整体表现为收入较高的地区比较集中（高值集聚城市数量多），而未出现明显的低值集聚区域（冷点），次冷点集聚区的城市数量也不多。冷热点的空间格局发生了明显的转移变化，名义收入的高值集聚区（热/次热点）主要分布在长三角及东南沿海，如位于热点区域的宁波、上海、南通、绍兴、衢州、杭州、苏州几乎均位于长三角，而实际收入的热点区范围减少、次热点区范围增加，高收入集聚区向北和西北方向移动，较高收入的福建、广东等省份的沿海城市实际收入下降，同时内蒙古、山西、山东等省份的城市实际收入水平提升成为新的次热点区。长三角地区名义收入和实际收入均是高值集聚最强的热点，该地区的居民收入高、购买能力强，实际生活水平是最高的。名义收入的次冷点区分布在陕西—甘肃—宁夏一带，主要包括襄阳、西安、兰州、渭南、西宁、运城等城市，而实际收入的冷点区向我国的西南地区转移，主要分布在云贵高原地区，主要包括乐山、西宁、贵阳、曲靖、遵义、安顺、重庆等城市。陕—甘—宁地区的城市由于物价水平相对较低、实际收入水平有所提升不再是收入的冷点，而贵州及其周围的四川、云南、广西等省份的部分城市则由于原本名义收入水平不高而物价水平却偏高成为实际收入低值集聚的区域，该地区的居民收入低、购买能力弱，实际生活水平是最低的。

表 7-6　名义收入高值集聚地区分布

集聚类型	城市	购买力平价指数	GiZScore	名义收入	实际收入
热点区	宁波市	1.300	4.12	38043	28852
	上海市	1.608	3.71	40188	26151
	南通市	1.106	3.62	28292	25473
	绍兴市	1.186	3.47	36911	30364
	衢州市	1.099	3.43	26232	23142
	杭州市	1.376	3.19	35704	25797
	苏州市	1.182	3.11	39079	33074
	汕头市	1.196	3.02	20024	16452
	福州市	1.191	2.94	29399	24257
次热点区	滁州市	0.950	2.53	20426	20903
	南京市	1.270	2.53	35092	27819
	扬州市	1.084	2.51	25712	23615
	惠州市	1.131	2.50	29965	25314
	深圳市	1.662	2.50	40742	24737
	铜陵市	0.966	2.47	24685	24845
	厦门市	1.363	2.35	37576	27461
	安庆市	0.956	2.04	20453	20801
次冷点区	襄阳市	0.963	-1.99	17532	17990
	西安市	1.000	-2.08	29982	29982
	兰州市	1.046	-2.19	18443	17805
	渭南市	0.915	-2.29	21808	23890
	西宁市	0.942	-2.40	17634	18961
	运城市	0.911	-2.40	19661	21951

表7-7 实际收入高值集聚地区分布

集聚类型	城市	名义收入	实际收入	GiZScore
热点区	烟台市	30045	29430	2.99
	南通市	28292	25473	2.68
	宁波市	38043	28852	2.66
	大连市	27539	25409	2.63
次热点区	唐山市	24358	25097	2.52
	上海市	40188	26151	2.46
	太原市	22587	22460	2.39
	衢州市	26232	23142	2.35
	绍兴市	36911	30364	2.32
	枣庄市	22960	24633	2.18
	苏州市	39079	33074	2.17
	青岛市	32145	29783	2.12
	滁州市	20426	20903	2.10
	南京市	35092	27819	2.10
	石家庄市	23038	22819	2.09
	包头市	33488	34968	2.04
	扬州市	25712	23615	2.02
	杭州市	35704	25797	2.01
	呼和浩特市	32646	32612	1.97
次冷点区	乐山市	20397	20781	-1.96
	西宁市	17634	18961	-2.08
	贵阳市	21796	20570	-2.15
	曲靖市	21623	21771	-2.15
	遵义市	19748	19050	-2.19
	安顺市	18617	18284	-2.23
	重庆市	22968	22535	-2.25

上述分析表明，真实的区域发展差异与名义值呈现出的"南高北低、东高西低"有所差异，区域发展差异并没有用名义指标衡量的那么大。实际高收入集聚区向北移动、低收入集聚区向西南移动，实际发展最落后、居民生活水平最低的区域是我国的西南地区。

第三节　城市"收入－物价"水平类型划分

从上文的分析可知，不同等级名义收入的城市，由于物价水平（购买力平价指数）的差异，其实际收入的变化不同。名义收入高的城市，其物价水平不一定高，名义收入低的城市，物价水平也不一定低。因此有必要对城市收入水平与物价水平进行科学的类型划分，找出收入与物价水平错位的城市，以便于有针对性地对不同类型的城市进行解析和调控。

一、城市"收入－物价"类型的划分方法

第六章已经按照综合购买力平价指数的大小，将100座城市划分为高/特高、较高、中等、较低、低五个物价水平等级。同样的方法，将100座城市按2012年城镇居民人均可支配收入（即名义收入）排序的20%、40%、60%、80%、100%进行等级划分，也划分为高/特高、较高、中等、较低、低五个等级。很显然，城市的收入水平等级分类与购买力平价指数的等级有所不同，有的城市收入水平高，物价水平也高，收入水平低，物价水平也低，收入与物价水平一致；有的城市收入水平高，物价水平却很低，收入水平低，物价水平却较高，说明收入与物价水平不一致。

为比较城市收入水平与物价水平的关系，按照收入/购买力平价指数进行排序，将城市按收入水平/物价水平划分为从高到低1~10共十个次等级（见图7-1）。收入水平与物价水平等级的差值（收入等级-物价等级）是分类的重要依据。差值为正说明收入水平高于物价水平，差值为负说明收入水平低于物价水平，差值为0说明两者水平较为一致。

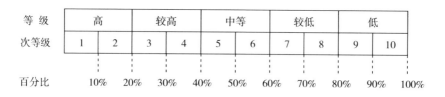

图 7-1 城市收入-物价水平分类示意

差值＝0：收入水平与购买力平价指数等级相等，说明收入与物价水平是一致的，又可以细分为"高-高""中-中""低-低"三类（较高、较低分别并入高、低类中）；

｜差值｜＝1：收入水平与购买力平价指数等级相差不超过 1 个等级，收入与物价水平存在错位和不一致，但是不一致的程度较小，具体又可以分为"收入＞物价"的"高-中""中-低"，"收入＜物价"的"中-高""低-中"，共四类。这里的"高""低"是收入等级与物价等级相比较而言的等级关系。

｜差值｜≥2：收入水平与购买力平价指数等级相差超过 2 个等级，这些城市收入与物价水平错位较显著，是研究中最需要关注的城市。可以分为"高-低""低-高"两类，分别对应收入很高物价却很低、收入很低物价却很高的城市。

根据以上收入与物价水平的差异程度，将研究城市划分为以下九小类（见表7-8）。

表 7-8 城市收入-物价水平分类方法示意

收入与物价等级差异	类别	收入等级	物价等级
一致	高-高	高	高
	中-中	中	中
	低-低	低	低

续表

收入与物价等级差异		类别	收入等级	物价等级
不一致	|差值|＝1	高-中	较高	中
		中-高	中	较高
		中-低	中	较低
		低-中	较低	中
	|差值|≥2	高-低	高	低
		低-高	低	高

二、城市"收入-物价"类型的划分结果

对 100 座城市的收入-物价水平分类结果进行分析,划分结果为"一致"类的城市有 42 座,划分结果为"不一致"类的城市有 58 座(见表 7-9)。

表 7-9 城市收入-物价水平分类结果一览

收入-物价关系	类别	城市名称	个数
一致	高-高	北京市、天津市、上海市、南京市、杭州市、宁波市、厦门市、广州市、深圳市	9
	中-中	石家庄市、大同市、大连市、长春市、哈尔滨市、合肥市、安庆市、昆明市、银川市、三明市、南昌市、绵阳市、曲靖市、郑州市、武汉市、扬州市、成都市、南通市、惠州市、绍兴市、泉州市、青岛市	22
	低-低	邢台市、佳木斯市、周口市、昭通市、楚雄市、吴忠市、库尔勒市、伊宁市、滁州市、常德市、汉中市	11
不一致：收入>物价	高-低	大庆市、洛阳市、锦州市、包头市、乌海市、铜陵市、西安市、渭南市、唐山市、沈阳市、鞍山市、延安市	12
	高-中	呼和浩特市、苏州市、济南市、烟台市、长沙市、泰安市	6
	中-低	吉林市、通化市、枣庄市、晋城市、运城市、淮南市、九江市、北海市、酒泉市、格尔木市、石嘴山市、哈密地区(现为哈密市)	12

续表

收入-物价关系	类别	城市名称	个数
不一致： 收入<物价	低-高	汕头市、三亚市、兰州市、拉萨市、乌鲁木齐、遵义市、安顺市、海口市、贵阳市	9
	中-高	太原市、衢州市、福州市、南宁市、重庆市、徐州市、柳州市	7
	低-中	襄阳市、铁岭市、牡丹江市、衡阳市、乐山市、平凉市、赣州市、菏泽市、黄石市、宜昌市、荆门市、西宁市	12

一致类的城市收入水平与物价水平相当，"高-高""中-中""低-低"三类的城市个数分别为9座、22座和11座，名义收入高的城市物价也高，实际收入会降低，名义收入低的城市物价也低，实际收入会有所提升，这三类城市的实际收入总体上比名义收入更集中。

不一致类的城市包括"收入高于物价"和"收入低于物价"两大类。收入高于物价水平的有30座，这类城市的名义收入被低估了，实际收入往往更高。其中"高-低"表示"收入>>物价"，这样的城市有12座，"高-中-低"表示"收入>物价"，分别包括6座、12座城市；收入低于物价水平的有28座，较高的物价水平导致当地货币购买力较低，这类城市的名义收入被高估了，实际收入往往更低。其中"低-高"表示"收入<<物价"，这类城市有9座，"中-高、低-中"表示"收入<物价"，分别包括7座、12座城市（见表7-9）。

三、城市"收入-物价"类型的空间分布

（一）一致类表现为"东-西"分异、不一致类为"南-北"分异

收入与物价水平一致的城市空间分布呈现出"东-西"方向的分异，一致类城市更多地分布于东部以及中部的部分地区，中部与西部交界的地区一致类城市分布很少。"高-高"类城市均分布在东部沿海省区，"中-中""低-低"类城市大多分布在中部、西部和东北地区，其中"中-中"类城市多为所在省的省会。这三类城市的收入水平与物价水平相当，居民的购买能力适中，名义收入高的城市实际收入没有那么高，名义收入低的城市实际收入也并没有那么低。

收入与物价水平不一致的城市呈现出南北分异的特征，"收入>物价"的城市主要分布在"秦岭—淮河"线以北，而"收入<物价"的城市主要分布在"秦岭—淮河"以南，说明我国整体上南方物价水平高于北方。"高-低"类主要分布在内蒙古、陕西及辽宁等省份，这类城市收入远高于物价水平，较高的收入能够购买更多的商品或服务（即实际收入最高），居民生活水平相对较高；"低-高"类主要分布在贵州、海南以及新疆、西藏的省会城市，这类城市收入不高物价水平却很高，居民的购买能力受到物价的限制，实际收入最低，居民生活水平最低。

（二）收入与物价水平存在错位，东部地区最小、西部地区最大

分类统计各个省级行政单元内不同"收入-物价"类型城市的个数（见表7-10、图7-2），发现东部地区收入与物价水平相对一致，一致的比重达到58.06%，"收入>>物价"和"收入<<物价"的比重较低，说明东部地区收入和物价的错位不显著；西部地区收入与物价显著错位的城市个数最多、一致类的比重最低，说明西部地区收入与物价水平的错位最严重，居民收入与物价水平差距较大；东北地区收入高于物价的城市占到一半以上，"收入<物价"的只占16.67%，说明其相对物价水平不高，且收入与物价显著错位的城市均为高收入、低物价。中部地区的城市收入与物价等级的差异也相对较小，两者差值大多小于等于1，错位严重的城市只有河南洛阳市和安徽铜陵市2座，均为资源型城市。

表7-10 四大经济区域不同类型城市所占比重   单位:%

	一致	收入>>物价	收入>物价	收入<<物价	收入<物价
东部	58.06	3.23	16.13	9.68	12.90
中部	39.13	8.70	21.74	0.00	30.43
西部	32.35	14.71	17.65	17.65	17.65
东北	33.33	33.33	16.67	0.00	16.67

错位较严重的"收入>>物价"和"收入<<物价"两类城市主要分布在西部和东北地区，两者合计占全部严重错位城市的71.43%。

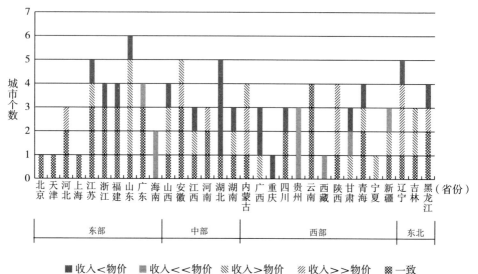

图7-2 各省份不同类型城市分布（一致、不一致）

第四节 地区购买力差异的应对措施和分类调控

我国各地区间存在显著的购买力差异，不同地区的实际收入存在被高估或低估的现象、名义收入不能反映居民生活水平，收入与物价水平的不一致现象导致我们不能正确地认识地区真实的收入水平和真实的区域差距。因此应采取措施对购买力的差异进行调控，促进各地区物价水平的合理和公正、提高居民实际购买力、缩小地区间实际收入差异、促进区域间购买力均衡，从而实现区域协调发展。

一、地区购买力差异的总体应对措施

（一）增加居民可支配收入，提高居民的购买能力

在物价水平既定的情况下，名义收入越高所能购买的商品或服务也越多，

因此提高居民实际购买力首要的是增加居民收入。"立国之道，惟在富民"，增加居民收入、提高居民生活水平，是经济改革和发展的根本目的。一方面，要促进经济的稳定发展和人民素质的提升，尤其是提升欠发达地区的经济发展水平和自我发展能力，通过经济发展和人的自我发展，带动就业和居民收入水平的提升；另一方面，应以增进民生福祉为目的，加快发展社会事业，改革完善收入分配制度，平衡好"初次分配"与"再分配"的关系，缩小收入差距。改革收入分配制度，税收、转移支付、社会保障等各项政策都应以提高居民收入为目标。要加大对中等收入群体的保护和低收入群体的扶持力度，缩小居民收入差距。完善最低工资标准调整机制，根据真实收入调整各地区的最低工资标准，使低收入弱势人群有更多的转移支付保障，缩小社会保障上的地区差异。从发展经济和改善分配两个角度，增加居民可支配收入，提高居民的购买力。

（二）建立统一完善的市场秩序，缩小市场程度差距

市场壁垒、分割市场、地区封锁，是转型期区域发展差异加剧的重要原因，各地区市场化程度的不同也是形成价格差异的重要因素。市场化程度的提高有助于促进区域经济发展，也可以减少市场分割、降低交易成本，促进各地区之间价格向一致化方向发展。因此推进市场化进程、提高市场完善度，是缩小地区间的价格差异，同时也是缩小区域差距的重要途径。通过深化市场改革，发挥市场在资源配置中的决定性作用，加快建立统一公平的国内市场秩序，引导和鼓励各区域消除地区封锁，废止妨碍公平竞争的各种分割市场的规定，促使区域之间商品和生产要素以及资金、技术、人才的自由合理流动，促进地区间自由贸易度的提高。在物价的控制方面，应规范市场秩序，最大限度地缩小政府定价种类和项目，尽量放开有竞争条件的商品或服务价格的市场机制。

（三）发挥价格宏观调控的作用，维持物价水平的合理性

价格在宏观经济调控中的作用之一是规范价格行为，维护市场公平竞争秩序。然而受到社会保障体制机制、国家财力以及经济政策调控力度等的影响和制约，在经营者自身利益的驱动下，我国各地区普遍存在房价过高、看病太贵、教

育收费太乱的问题，"买不起房、看不起病、上不起学"已经成为影响居民生活质量的新"三座大山"，是需要加强价格宏观调控的重中之重。尤其是住房价格的快速增长对居民收入购买力的影响最大，政府应完善房地产市场，破解土地财政困境，通过金融、税收等多种调控手段，抑制房地产市场上的过度投机行为，遏制房价的过快上涨，为低收入困难群体提供住房保障。教育方面应完善规范教育收费工作机制，不断规范办学行为，促进教育公平公正。医疗方面继续推进医疗服务价格改革，逐步理顺"以药补医"等不合理的价格机制、降低虚高药价，调整医保药品目录，重点解决重大疾病的用药问题。对物价的调控是维持物价合理水平的重要手段，但仍应以市场调控为主导、政府调控和引导为辅助，避免对价格的过度干预。

（四）增加国家财政的公共投入，保障基本公共服务

加强公共服务设施建设，保障基本公共服务尤其是落后地区的公共服务，是缩小地区居民生活水平差距的重要手段。研究表明，政府在教育、医疗、社会保障等公共服务方面的财政投入有助于阻止地区差距的继续扩大（袁军江，2012）。但是目前国家有相当一部分财政收入被转换成投资，而用于转移支出和公共投入的明显不足。因此，应加大国家财政的公共投入力度，优化财政支出结构，使公共财政向明显投入偏低的公共卫生服务、基础教育、社会保障等项目倾斜，保障基本公共服务的财政支出，推进基本公共服务均等化。进一步加大对教育、医疗等民生方面的财政投入力度，逐步实现教育、医疗等公共资源的均等化，加快社会保障制度的推行和完善，争取全面建成覆盖城乡居民的社会保障体系。

欠发达地区居民收入相对较低，满足自身公共服务需求的能力也较低，而对欠发达地区的教育等公共投入对经济增长的贡献大大超过发达地区（陈浩、薛声家，2004），因此公共财政在民生方面增加投入时，应重点侧重于经济落后的欠发达地区，这是缩小欠发达地区与发达地区差距的有效路径。

（五）建立健全价格监测体系，公开价格信息

不同地区居民购买力的差异对居民的实际收入的影响不同，对购买力差异的认识有助于我们正确认识区域差距。但目前缺乏准确、全面、公开的价格统计数

据，对准确测度和比较不同地区的实际收入带来诸多限制。建议有关统计部门建立相应的统计制度，在整合现有价格监测、分析系统的基础上，开展常规性的物价水平调查统计、研究和实际测算工作，定期向社会发布实时、准确的价格信息，能够更加准确全面地测度各地区的购买力差异，为各级政府制定和调整价格调控政策、财政政策、货币政策、收入政策、产业政策等提供决策依据，合理引导市场预期，促进微观主体理性生产和消费。

二、地区购买力差异的分类调控措施

（一）城市"收入-物价"分类调控原则

根据中国城市"收入-物价"综合分类结果，实行分级调控，有主次地应对城市购买力与收入水平的错位，以达到缩小区域差距的最终目标。根据收入与物价水平的差异程度的不同，将我国城市购买力的调控级别分为三个级别：重点调控、一般调控、优化调控（见表7-11）。收入严重低于物价水平的城市需要重点调控，提高收入、降低物价；另外两类收入低于物价水平的城市也需要进行一般调控，物价过高、收入过低均会对居民生活造成不良影响，因此"高-高""低-低"这两类一致类城市也需要进行一般调控；收入高于物价水平的"高-低""高-中""中-低"以及收入物价中等的"中-中"城市，只需要进行优化调控。

表7-11　城市购买力分级调控一览

调控级别	大类	城市个数
重点调控	低-高	8
一般调控	中-高	8
	低-中	12
	高-高	9
	低-低	11
优化调控	高-低	12
	高-中	6
	中-中	22
	中-低	12

（二）"低–高"型城市的调控重点

"低–高"型城市为重点调控对象，包括 8 座城市，其中，遵义、安顺、三亚、海口为旅游依赖型城市，拉萨、乌鲁木齐、兰州、贵阳为西部的省会城市。这类城市物价水平远远大于居民收入水平，高物价水平严重制约着居民收入的购买力，居民的实际收入和生活质量较低，如果不进行调控，可能会导致严重的社会问题。调控重点是大力提高居民收入水平，加大政府的财政转移力度，使落后地区的低收入人群有更多的转移支付保障；严格控制食品、住房等与居民生活息息相关的商品或服务的价格水平；加大政府公共财政投入的力度，提高基本公共服务水平，保障人民基本生活。

（三）"中–高""低–中"型城市的调控重点

"中–高""低–中"型城市为一般调控对象，这两类城市物价水平相对高于收入水平，名义收入被高估了。虽然居民实际购买力目前没有重点调控的"低–高"型城市那么低，但如果不对物价水平加以控制，可能会转化为购买力最低的"低–高"型城市。调控重点是通过城市经济发展和政府财政转移支付提高居民收入水平，加大对低收入人群的扶持力度；适当控制物价水平的上涨，提高基本公共服务能力，控制该类型的城市收入与物价差异的进一步扩大。

（四）"高–高""低–低"型城市的调控重点

"高–高""低–低"型城市也为一般调控对象，这两类城市虽然收入水平与物价水平一致，但前者由于物价过高、后者由于收入过低，居民的实际购买能力都受到严重的限制。"高–高"型包括北京、上海、深圳、广州等九座城市，过高的物价水平仍然严重制约着居民的购买能力，尤其是对城市中低收入群体的影响较大。调控重点是抑制房地产投机行为、控制房价过快上涨、为低收入困难群体提供住房保障；提高最低生活保障标准、加强对中低收入群体的公共服务保障。"低–低"型城市名义收入水平过低，消除物价水平影响后的实际收入水平仍然很低，调控重点是加快发展经济，增加居民收入，逐步提高工资标准，加大政府公共财政投入，完善基本公共服务。

（五）优化调控类城市的调控重点

优化调控城市的物价水平相对较低，收入的实际购买力和生活水平相对较高，包括"高-低""高-中""中-低""中-中"四种类型共 52 座城市，其中"高-低"型城市主要是资源型城市。对于这四类的调控重点应该是加快促进城市转型和产业优化升级，努力保持物价的稳定，继续提高居民的收入和实际生活水平，完善基础设施和基本公共服务保障。

本章小结

本章用购买力平价指数消除地区物价差异的影响，将名义收入转换为实际收入。发现由于物价水平（购买力平价指数）的差异，城市的实际收入的变化不同，综合考虑收入和物价两个因素的影响，地区间居民的实际收入差距要小于名义收入所显示的差距。长三角地区名义收入和实际收入均是高值集聚的热点，是居民收入高、购买能力强、实际生活水平最高的区域，我国西南部分地区则由于名义收入水平较低、物价水平较高，是实际发展最落后、居民生活水平最低的区域。根据收入与物价水平的差异程度对城市进行综合分类，发现东部地区居民收入与物价水平相对一致，西部地区居民收入与物价水平差距较大。最后从提高居民收入、缩小地区价格差异、保障基本公共服务等方面，提出了缩小实际收入差异、实现区域民生质量均衡的调控对策，有针对性地提出了对不同类型城市的调控重点。

第八章

主要结论与研究展望

第一节　主要研究结论

中国经济从高速增长转向高质量发展阶段，我国社会主要矛盾转化为"人民日益增长的美好生活需要和不平衡不充分的发展之间的矛盾"。对区域协调发展也提出了新的要求，如何在区域平衡发展中兼顾效率和公平仍然是重大课题。新时代区域协调发展战略的含义是要实现基本公共服务均等化、基础设施通达程度比较均衡，最终实现人民生活水平大体相当，人民生活水平的平衡增长是中国经济均衡、协调和可持续发展的重要目标之一。在已经实现全面建成小康社会的基础上，大力推动高质量发展，普遍提高城乡居民收入水平，逐步缩小分配差距，也是新时代全面建成社会主义现代化强国、最终实现共同富裕的要求和目标。

针对当前名义收入不能反映居民生活水平的客观实际，本书借鉴购买力平价理论，对全国 100 个典型城市的地区价格指数进行了较为科学合理的测度及差异研究，进一步探讨了地区购买力差异对实际收入差距的影响，并提出了面向共同富裕的分类调控措施。主要研究结论如下：

1. 构建了购买力差异测度的指标体系，用以衡量地区之间价格水平的差异程度

借鉴购买力平价理论和国际比较项目计算购买力平价的方法，构建了地区购买力差异测度的指标体系和模型方法，用以计算衡量不同地区物价水平的购买力平价指数。购买力平价指数反映不同地区货币的实际购买力，它与比较两个时期价格水平的居民消费价格指数（CPI）不同，是用来比较同一时期、不同地区之间商品或服务的综合价格水平的指数，实际上是一个空间价格指数。遵循有代表性、可比性和数据可获取性的基本原则，根据商品的可贸易和可替代性对各项商品或服务进行判别，遴选出可能存在地区价格差异的商品或服务，构成进行购买

力平价的商品"篮子"。参照 CPI 调整权重，对各地区的城镇居民消费支出结构进行调整，确定各项指标的权重。商品"篮子"与权重共同构成了购买力差异测度的指标体系，在此基础上构建了购买力平价指数测度的模型方法和计算流程。计算得出的不同地区的购买力平价指数，可以消除地区之间物价水平差异的影响，将名义收入转换为实际收入。

2. 地区之间各类商品或服务的价格差异显著，房价对居民生活的影响最大

对食品、住房、水电燃料、交通、通信、教育、医疗、文娱八大类商品或服务的价格差异与空间格局特征进行了分析，八大类商品或服务价格的分异特征综合反映为城市的货币购买力。居住、教育、医疗是对居民生活质量影响最大，在地区间的价格差异也最大的三类因素。食品和交通的地区差异相对较小，但其在居民消费中的比重很高，也是影响居民生活质量的不可忽视的因素。各类商品或服务价格的空间分异大多表现出"东高西低，南高北低"的趋势，其中东部沿海城市群区域的城市物价水平最高。对居民生活质量影响最大的消费支出——住房的价格影响因素进行了定量分析，从"供给与需求"以及"住房本身的居住价值"两个视角构建了回归分析模型，结果表明城市居民收入水平、第三产业发展水平以及城市的行政区位等级是房价空间分异的三大核心影响因素。

3. 实际购买力"西高东低、北高南低"，城市类型与购买力的关联特征显著

根据本书设计的购买力平价测度模型，以 100 个典型城市城镇居民各项消费品的平均价格为基础数据，以西安市为比价对象，进行购买力平价，计算得到100 个城市的购买力平价指数，即地区价格指数。购买力平价指数值越大，说明该地区物价水平越高，居民收入的购买力越低。城市之间购买力平价指数差异较大，指数介于［0.849-1.662］，贡献度最大的是食品和居住两个大类。采用趋势函数分析购买力平价指数的总体空间分异趋势，结果表明城市购买力呈现出"西高东低、北高南低"的态势；采用探索性空间数据分析探究城市购买力的空间关联程度与关联格局，发现实际购买力的空间分布具有集聚特征，购买力较低的区域集中在东南沿海、购买力较高的区域集中在黄河中游地区。进一步分析了

不同属性城市的购买力差异特征，结果表明从单个城市来看，城市的人口规模、城市经济发展水平均不能表征城市的购买力水平，而城市的类型、发挥的职能与购买力的关联特征显著，资源型城市物价水平整体较低，旅游依赖型城市物价水平相对较高。

4. 将名义收入转换为实际收入，中国地区之间的实际收入差距小于名义差距

一个地区的实际生活水平由名义收入和物价水平共同决定，物价水平高的地区实际生活水平低于名义收入，物价水平低的地区实际生活水平高于名义收入。综合考虑收入和物价两个因素的影响，东部沿海与中西部地区的发展差距实际要小得多，即实际收入差距要小于名义收入所显示的差距。名义收入的热点区分布在长三角及东南沿海，调整后的名义收入较高的广东、福建的沿海城市实际收入下降，长三角地区名义收入和实际收入均是高值集聚的热点，是居民收入高、购买能力强、实际生活水平最高的区域。名义收入的冷点区分布在陕—甘—宁一带，而实际收入的冷点区向我国的西南地区转移，主要分布在云贵高原地区，陕—甘—宁地区的城市由于物价水平较低，实际收入水平有所提升，贵州及其周围的四川、云南、广西等省份的部分城市则由于名义收入水平较低，而物价水平却偏高，成为实际收入低值集聚的区域，该地区的居民收入低、购买能力弱，实际生活水平是最低的。也就是说，实际发展最落后、居民生活水平最低的区域是我国的西南部分地区。

5. 名义收入与物价水平不一致，应根据两者的差异程度有针对性的分类调控

名义收入与物价水平的不一致现象导致我们不能正确地认识地区真实的生活水平，为了有针对性地对不同类型的城市进行解析和调控，需要根据收入与物价水平的差异程度对城市进行综合分类。根据城市名义收入与物价水平的等级的一致性，将城市划分为九类，其中42座城市收入水平与物价水平相当，30座城市收入水平高于物价水平，20座城市收入水平低于物价水平，名义收入远远低于物价水平的地区居民实际生活水平是最低的。从收入与物价水平一致性的空间分

布来看，东部地区收入与物价水平相对一致，西部地区居民收入与物价水平差距较大。从提高居民收入、减小地区之间价格差异、调控物价水平、保障基本公共服务等方面，提出了提高居民实际收入、缩小实际收入差距、实现共同富裕的对策，有针对性地提出了对不同类型城市的调控措施，其中"收入低–物价高"型的城市为重点调控对象。

第二节　研究的不足与展望

对购买力平价指数的测度和差异的研究，有助于我们客观认识不同地区人民币的购买力差异和真实的区域收入水平差距，将经济层面的差距转移到居民生活层面，对于政策的研究和制定尤为重要和必要。然而当前相关研究相对不丰富，尤其是准确、全面、公开的价格统计数据较为缺乏，对测度和比较购买力平价指数带来诸多限制，在这个方面有诸多的问题需要开展进一步的深入研究。当前研究的不足主要体现在：

1. 购买力差异的研究对象为城镇居民消费，农村居民的研究有待开展

本书收集的物价数据均为城镇居民消费的价格平均水平，购买力差异测算的是 100 个城市市辖区城镇居民消费价格总水平的差异，不能反映整个地区全部居民消费价格和收入的差异。因此，当前研究仅适用于对不同地区城镇居民生活水平的比较，不适用于农村居民。相对于城镇居民来说，农村居民消费的商品化率低，消费结构也有所不同。而且农村消费缺乏统一的比较标准，例如，农村居民住宅差别很大，所谓同等地段、同等标准的统计数据难以得到；农村教育水平的差别也很大，在作为同质商品或服务进行比较时需要有附加条件加以分类。因此，研究各地区农村之间的实际收入差距，还需要更多的数据收集分析工作。对于农村人口所占比重较大的地区来说，居民消费价格总水平可能要低于城镇居民消费价格水平。

2. 研究了典型城市的购买力差异，覆盖度更广的全国性和地区性研究有待开展

购买力差异的研究需要不同地区的各项商品或服务的价格数据，但目前准确、全面的价格统计数据鲜有公开，对准确测度和比较不同地区的实际收入带来诸多限制。受实际收集数据困难的限制，目前只对 100 个地级以上单元进行了购买力差异测算。虽然这 100 个研究单元包含了 4 个直辖市及 27 个省的省会城市，在全国的分布相对均衡，具有一定的全国代表性。但受到研究样本的限制，仍然只能在一定程度上反映购买力差异的特征和格局。要更加全面深刻地认识购买力差异及我国真实的区域发展差距，需要更多的城市参与到购买力差异研究中来，进行全国的总体格局研究和地区性的深入研究。建议有关统计部门建立相应的统计制度，在整合现有价格监测、分析系统的基础上，开展常规性的物价水平统计调查、研究和实际测算工作，定期向社会发布实时、准确的价格信息，更加准确全面地测度各地区的购买力差异。

3. 商品"篮子"对购买力差异的影响大，代表性和可比性有待于提高

由于我国不同地区的消费偏好和代表性商品或服务差异很大，商品"篮子"的选取会对平价结果产生直接的影响，是购买力差异研究的一大难点。商品"篮子"选取要兼顾商品或服务的代表性和可比性，但是实际操作中代表性和可比性往往难以协调，对那些与全国大部分地区消费习俗、社会生活环境差别较大的地区（如西藏、海南等）来说，可能有多种商品或服务在其他地区有代表性，而对这些地区来说代表性较差，测算的地区城镇居民消费价格指数可能存在一定的系统性偏差。在"篮子"商品或服务的选取时尽量消除这种因素的影响，如选择水果时既选取了南方的香蕉也选取了北方的苹果，两者在一定程度上能够相互抵消南北差异。另外，一些居民消费支出项目所涵盖的规格品样本量太少，教育、医疗等项目只包括服务性项目，而没有考虑教育用品和药品价格在地区间的差异，这在一定程度上也影响着测算结果的准确性。因此需要继续完善和调整商品"篮子"，更加准确地测算不同地区的购买力差异。

4. 人口流动、老龄化、网上购物等因素对购买力差异的影响值得重视和研究

购买力的地区差异表明，同样的货币收入在不同地区能购买到的商品或服务是不同的。在高收入、高物价的地区工作，所获得的收入如果拿到低物价地区消费，则能买到更多的商品或服务。我国经济社会持续发展，为人口的迁移流动创造了条件，人口流动趋势更加明显，流动人口规模进一步扩大，2014 年全国有高达 2.53 亿的流动人口，到第七次人口普查数据公布，我国流动人口达 3.76 亿，他们大多在高收入地区工作，在工作地他们的收入相对较低，但取得收入后回到家乡消费就相对较高了，这类人群的实际收入受工作地和家乡双重物价水平的影响；随着人口老龄化和居民对生活环境的需求越来越高，在高收入地区工作和享受相对较高社会保障水平的人，在社会保障的支付方式更灵活，也有可能在退休后选择到物价相对较低、自然环境更好的地区生活，这类人群的实际购买力也受其他地区物价水平的影响；网络经济的发展创造了就业岗位，而且刺激了消费，越来越多的消费者参与到网上购物中来，居住在任何地方的居民搜索商品的机会和购买的价格都是均等的。越来越多的商品通过网上购物平台到达居民手中，将会导致实地购物的减少，居民实际生活水平受本地物价水平的影响也可能会降低。

购买力差异的研究默认居民获取收入后在本地进行消费，居民的实际收入受到本地物价水平的影响，然而人口流动、人口老龄化、网上购物等新的经济现象打破了居民在本地消费的格局，其对购买力差异的影响是值得关注和研究的领域。

第三节　讨论与政策启示

进入面向实现全体人民共同富裕的新时代，进一步改善民生、缩小居民收入

差距、促进人民生活水平的平衡增长具有重要的现实意义。物价水平的地区差异导致不同地区收入的购买能力不同，科学测度和分析不同区域市场的购买力差异，不仅为建设全国统一大市场提供基础理论支撑，也为缩小实际收入差距、最终实现共同富裕提供政策参照。本书借鉴购买力平价理论，通过构建购买力平价指数对地区购买力差异进行测度和分析，进一步探究了购买力差异对地区实际收入差距的影响，并提出了面向共同富裕的分类调控措施，研究有助于客观认识不同地区名义收入的购买力差异，将经济层面的收入差距转移到居民生活层面，对于区域协调发展及地区贫困线划定等相关政策的研究很是必要。然而当前各类商品或服务的价格缺乏准确全面的统计数据，对测算和比较地区 PPP 带来诸多限制，有深度的相关研究并不丰富，在这个方面有诸多的问题需要开展进一步的深入研究。

为破除当前研究的限制，一是要通过加强研究和数据挖掘提高地区价格指数测度的准确性。通过研究简化地区价格指数的计算方法，深入研究地区间教育、医疗、住房等服务类价格比较方法，并充分利用现有的统计数据和大数据资源，收集尽可能多的同质可比的规格品价格数据，补充现有统计数据的不足。二是要加强对细化尺度地区价格指数的测度以及时空差异研究。本书将研究对象由省区、36 个大中城市扩大到了 100 个典型城市，但受制于价格统计数据的限制，难以开展全国全覆盖的地级城市地区价格指数研究，分地级市以及分城乡的地区价格指数研究相对空白。三是当前研究大多是对某个年份截面的地区价格指数测算和分析，还应关注地区间价格水平的时空差异及影响机制。

对地区购买力差异的研究能够为新时代的区域协调发展政策找到着力点，促进各地区物价水平的合理和公正、提高居民实际购买力、缩小地区间实际收入差距，才能真正实现区域民生质量均衡（共同富裕）和区域协调发展。第一，在物价水平既定的情况下，名义收入越高所能购买的商品或服务也越多，因此增加居民可支配收入能够提高居民的购买能力。可以从发展经济和改善分配两个角度增加居民可支配收入，完善最低工资标准调整机制，根据真实收入调整各地区的最低工资标准，使低收入弱势人群有更多的转移支付保障，缩小社会保障上的地区差异。第二，居住、教育和医疗是影响居民生活质量的三大主要因素，针对房价高、看病贵、教育收费乱的问题，应发挥价格宏观调控的作用，通过价格的宏观调控，规范价格行为，维护市场公平竞争秩序，维持物价水平的合理性。第三，欠发达地区居民收入相对较低，满足自身公共服务需求的能力也较低，国家财政在民生方面的公共投入应重点侧重于经济落后的欠发达地区，尤其是物价水平较高的欠发达地区，这是缩小欠发达地区与发达地区差距的有效路径。

参考文献

［1］ Andersson F N G, Edgerton D L, Opper S. A Matter of Time：Revisiting Growth Convergence in China ［J］. World Development，2012（45）：239-251.

［2］ Brandt L, Holz C A. Spatial Price Differences in China：Estimates and Implications ［J］. Economic Development and Cultural Change，2015，55（1）：43-86.

［3］ Cecchetti S G, Mark N C, Sonora R J. Price Index Convergence among United States Cities ［J］. International Economic Review，2002，43（4）：1081-1099.

［4］ Chari V V, Kehoe P J, McGrattan E R. Can Sticky Price Models Generate Volatile and Persistent Real Exchange Rates? ［J］. The Review of Economic Studies，2002，69（3）：533-563.

［5］ Chaudhuri K, Sheen J. Purchasing Power Parity Across States and Goods Within Australia ［J］. Economic Record，2004，80（250）：314-329.

［6］ Chen J H, Guo F, Wu Y. One Decade of Urban Housing Reform in China：Urban Housing Price Dynamics and the Role of Migration and Urbanization，1995-2005 ［J］. Habitat International，2011，35（1）：1-8.

［7］ Cheung Y W, Lai K S. On the Purchasing Power Parity Puzzle ［J］. Journal of International Economics，2000，52（2）：321-330.

［8］ Choi C Y, Matsubara K. Heterogeneity in the Persistence of Relative Prices：What Do the Japanese Cities Tell Us? ［J］. Journal of the Japanese and International

Economies, 2007, 21 (2): 260-286.

[9] Coakley J, Fuertes A M. New Panel Unit Root Tests of PPP [J]. Economics Letters, 1997, 57 (1): 17-22.

[10] Crucini M J, Shintani M, Tsuruga T. Accounting for Persistence and Volatility of Good-level Real Exchange Rates: The Role of Sticky Information [J]. Journal of International Economics, 2010, 81 (1): 48-60.

[11] Crucini M J, Shintani M, Tsuruga T. The Law of One Price Without the Border: The Role of Distance Versus Sticky Prices [J]. The Economic Journal, 2010, 120 (544): 462-480.

[12] Crucini M J, Shintani M. Persistence in Law of One Price Deviations: Evidence from Micro-data [J]. Journal of Monetary Economics, 2008, 55 (3): 629-644.

[13] Crucini M J, Telmer C I, Zachariadis M. Understanding European Real Exchange Rates [J]. The American Economic Review, 2005, 95 (3): 724-738.

[14] Demurger S. The Relative Contributions of Location and Preferential Policies in China Regional Development [J]. China Economic Review, 2002 (23): 444-465.

[15] Desmet K, Henderson J V. The Geography of Development Within Countries [J]. Handbook of Regional and Urban Economics, 2015 (5): 1457-1517.

[16] Diewert W E. New Methodological Developments for the International Comparison Program [J]. Review of Income and Wealth, 2010, 56 (S1): S11-S31.

[17] Engel C, Rogers J H. Deviations from Purchasing Power Parity: Causes and Welfare Costs [J]. Journal of International Economics, 2001, 55 (1): 29-57.

[18] Engel C, Rogers J H. How Wide is the Border? [J] American Economic Review, 1996 (86): 1112-1125.

[19] Esaka T. Panel Unit Root Tests of Purchasing Power Parity between Japanese Cities, 1960-1998: Disaggregated Price Data [J]. Japan and the World Econo-

my, 2003, 15 (2): 233-244.

[20] Fan C S, Wei X. The Law of One Price: Evidence from the Transitional E-conomy of China [J]. The Review of Economics and Statistics, 2006, 88 (4): 682-697.

[21] Fan J, Sun W, Zhou K, et al. Major Function Oriented Zone: New Method of Spatial Regulation for Reshaping Regional Development Pattern in China [J]. Chinese Geographical Science, 2012, 22 (2): 196-209.

[22] Fan S, Kanbur R, Zhang X. China's Regional Disparities: Experience and Policy [J]. Review of Development Finance, 2011, 1 (1): 47-56.

[23] Froot K A, Rogoff K. Perspectives on PPP and Long-run Real Exchange Rates [J]. Handbook of International Economics, 1995 (3): 1647-1688.

[24] Fujita M, Hu D P. Regional Disparity in China 1985-1994: The Effects of Globalization and Economic Liberalization [J]. Annals of Regional Science, 2001, 35 (1): 3-37.

[25] Gardiner B, Martin R, Tyler P. Does Spatial Agglomeration Increase National Growth? Some Evidence from Europe [J]. Journal of Economic Geography, 2011, 11 (6): 979-1006.

[26] Gibson J, Huang J, Rozelle S. Why is Income Inequality So Low in China Compared to Other Countries?: The Effect of Household Survey Methods [J]. Economics Letters, 2001, 71 (3): 329-333.

[27] Glaeser E L, Lu M. Human-Capital Externalities in China [R]. NBER Working Paper, https://www.nber.org/papers/w24925, 2018.

[28] Griffth D A. Spatial Autocorrelation and Spatial Filtering [M]. Germany: Springer, 2003: 3-6.

[29] Gustafsson B, Li S. A More Unequal China? Aspects of Inequality in the Distribution of Equivalent Income [Z]. China's Retreat from Equality: Income Distribution and Economic Transition, ME Sharpe, New York, 2001: 44-83.

[30] Gustafsson B, Li S. The Anatomy of Rising Earnings Inequality in Urban

China [J]. Journal of Com-parative Economics, 2001, 29 (1): 118-135.

[31] Herrerias M J, Orts V, Tortosa-Ausina E. Weighted Convergence and Regional Clusters across China [J]. Papers in Regional Science, 2011, 90 (4): 703-734.

[32] Hill P. Estimation of PPPs for Basic Headings within Regions [Z]. Chapter 11 in ICP 2003-2006 Handbook, Washington DC: The World Bank, 2007.

[33] Hill R J. Comparing Price Levels Across Countries Using Minimum-Spanning Trees [J]. The Review of Economics and Statistics, 1999, 81 (1): 135-142.

[34] Kanbur R, Zhang X B. Fifty Years of Regional Inequality in China: A Journey through Central Planning, Reform, and Openness [J]. Review of Development Economics, 2005, 9 (1): 87-106.

[35] Kanbur R, Zhang X B. Which Regional Inequality? The Evolution of Rural-urban and Inland-coastal Inequality in China from 1983 to 1995 [J]. Journal of Comparative Economics, 1999, 27 (4): 686-701.

[36] Khamis S H. A New System of Index Numbers for National and International Purposes [J]. Journal of the Royal Statistical Society, Series A (General), 1972: 96-121.

[37] Khan A R, Griffin K, Riskin C. Income Distribution in Urban China During the Period of Economic Reform and Globalization [J]. American Economic Review, 1999, 89 (2): 296-300.

[38] Kilian L, Taylor M P. Why Is It So Difficult to Beat the Random Walk Forecast of Exchange Rates [J]. Journal of International Economics, 2003 (60): 85-107.

[39] Kim J. Half-lives of Deviations from PPP: Contrasting Traded and Nontraded Components of Consumption Baskets [J]. Review of International Economics, 2004, 12 (1): 162-168.

[40] Kuznets S. Economic Growth and Income Inequality [J]. American Economic Review, 1995, 45 (1): 1-28.

［41］ Lau C K M. New Evidence about Regional Income Divergence in China ［J］. China Economic Review, 2010, 21 (2): 293-309.

［42］ Lemoine F, Poncet S, Uenal D. Spatial Rebalancing and Industrial Convergence in China ［J］. China Economic Review, 2015 (34): 39-63.

［43］ Liu H. Changing Regional Rural Inequality in China 1980-2002 ［J］. Area, 2006, 38 (4): 377-389.

［44］ Liu Y, Zou W. Rural-urban Migration and Dynamics of Income Distribution in China: A Non-parametric Approach ［J］. China & World Economy, 2011, 19 (6): 37-55.

［45］ Lothian J R, Taylor M P. Real Exchange Rate Behavior: The Recent Float from the Perspective of the Past Two Centuries ［J］. Journal of Political Economy, 1996, 104 (3): 488-509.

［46］ Lu D. China's Regional Income Disparity ［J］. Economics of Transition, 2008 (16): 31-58.

［47］ Murray C J, Papell D H. Do Panels Help Solve the Purchasing Power Parity Puzzle? ［J］. Journal of Business and Economic Statistics, 2005, 23 (4): 410-430.

［48］ OECD. OECD Regional Outlook 2016: Productive Regions for Inclusive Societies ［R］. OECD Publishing, Paris, 2016.

［49］ O'Connell P G J, Wei S J. "The Bigger They Are, the Harder They Fall": Retail Price Differences across US Cities ［J］. Journal of International Economics, 2002, 56 (1): 21-53.

［50］ Parsley D, Wei S J. Explaining the Border Effect: The Role of Exchange Rate Variability, Shipping Cost, and Geography ［R］. NBER Working Paper, 2000, No. 7836.

［51］ Parsley D, Wei S J. Limiting Currency Volatility to Stimulate Goods Market Integration: A Price Based Approach ［R］. NBER Working Paper, 2001, No. 8468.

［52］ Petrakos G, Saratsis Y. Regional Inequalities in Greece ［J］. Papers in

Regional Science, 2000, 79 (1): 57-74.

[53] Rawlins G. Sub-Sahara's Experience with the Purchasing Power Parity Hypothesis [J]. Journal of Applied Business and Economics, 2016, 18 (2): 23.

[54] Rey S J, Janikas M V. Regional Convergence, Inequality, and Space [J]. Journal of Economic Geography, 2005, 5 (2): 155-176.

[55] Rogoff K. The Purchasing Power Parity Puzzle [J]. Journal of Economic Literature, 1996 (34): 647-668.

[56] Shim H, Kim H, Kim S, et al. Testing the Relative Purchasing Power Parity Hypothesis: The Case of Korea [J]. Applied Economics, 2016, 48 (25): 2383-2395.

[57] Sonora R J. City CPI Convergence in Mexico [J]. Review of Development Economics, 2005, 9 (3): 359-367.

[58] Summers R. International Price Comparisons Based Upon Incomplete Data [J]. University of Pennsylvania, 1973, 19 (1): 1-16.

[59] Taylor M P, Sarno L. The Behavior of Real Exchange Rates during the Post-Bretton Woods Period [J]. Journal of International Economics, 1998, 46 (2): 281-312.

[60] Wan G. Accounting for Income Inequality in Rural China [J]. Journal of Comparative Economics, 2006, 32 (2): 348 - 363.

[61] Wei Y D, Kim S. Widening Inter-county Inequality in Jiangsu Province, China: 1950-1995 [J]. Journal of Development Studies, 2002, 38 (6): 142-164.

[62] Wu J L, Wu S. Is Purchasing Power Parity Overvalued? [J]. Journal of Money, Credit and Banking, 2001, 33 (3): 804-812.

[63] Yu K, Xin X, Guo P, et al. Foreign Direct Investment and China's Regional Income Inequality [J]. Economic Modeling, 2011, 28 (3): 1348-1353.

[64] Gilboy G J, 钟宁桦. 度量中国经济: 购买力平价的适当应用 [J]. 经济研究, 2010, 45 (1): 27-38.

［65］蔡昉.优化人力资本，冲刺高收入阶段［A］//谢伏瞻，蔡昉，江小涓，李实，黄群慧.完善基本经济制度 推进国家治理体系现代化——学习贯彻中共十九届四中全会精神笔谈［C］.经济研究，2020，55（1）：4-16.

［66］蔡昉，都阳.中国地区经济增长的趋同与差异——对西部开发战略的启示［J］.经济研究，2000（10）：30-37+80.

［67］蔡昉，王德文，都阳.劳动力市场扭曲对区域差距的影响［J］.中国社会科学，2001（2）：4-14.

［68］曹小曙，徐建斌.中国省际边界区县域经济格局及影响因素的空间异质性［J］.地理学报，2018，73（6）：1065-1075.

［69］陈昌兵.各地区居民收入基尼系数计算及其非参数计量模型分析［J］.数量经济技术经济研究，2007（1）：33-123.

［70］陈春生.交通运输消费倾向与需求的实证研究［J］.统计与信息论坛，2008，23（7）：29-34.

［71］陈浩，薛声家.教育投入对中国区域经济增长贡献的计量分析［J］.经济与管理，2004（10）：5-7.

［72］陈红.人民币实际购买力的地区差异研究［D］.上海：复旦大学博士学位论文，2008.

［73］陈梦根，尹德才.从ICP视角解析"购买力平价与中国世界第一"［J］.国家行政学院学报，2015（4）：108-111.

［74］陈培阳，朱喜钢.基于不同尺度的中国区域经济差异［J］.地理学报，2012（8）：1085-1097.

［75］陈双莲，陈国生.空间价格指数的构建及其应用［J］.统计与决策，2013（7）：21-24.

［76］陈秀山，徐瑛.中国区域差距影响因素的实证研究［J］.中国社会科学，2004（5）：117-129.

［77］陈云，王浩.核密度估计下的二分递归算法构建及应用——测算特定收入群体规模的非参数方法拓展［J］.统计与信息论坛，2011，26（9）：3-8.

［78］崔孟修．现代西方汇率决定理论研究［M］．北京：中国金融出版社，2002．

［79］崔瑛．我国各地区城镇居民消费价格水平的购买力平价分析［J］．河南社会科学，2007，15（4）：32-34．

［80］邓绍英．物价/工资：居民生活质量的国际比较及其启示［J］．江汉论坛，2013（6）：58-61．

［81］丁任重，朱博．居民消费影响因素的地区差异——基于我国东中西部地区面板数据的实证分析［J］．消费经济，2013，29（2）：9-12．

［82］董先安．浅释中国地区收入差距：1952-2002［J］．经济研究，2004（9）：48-59．

［83］杜亚书．我国地区差距的测算［D］．沈阳：东北师范大学博士学位论文，2006．

［84］鄂永健．中国地区间价格水平差距趋于收敛还是发散——基于省级面板数据的单位根检验［J］．经济评论，2007（5）：113-117．

［85］范剑勇，谢强强．地区间产业分布的本地市场效应及其对区域协调发展的启示［J］．经济研究，2010，45（4）：107-119+133．

［86］樊杰，陈东，吕晨．国际金融危机空间过程和区域响应的初探——兼论新经济地理事像研究的一个新范式［J］．地理研究，2009，28（6）：1439-1448．

［87］樊杰．解析我国区域协调发展的制约因素，探究全国主体功能区规划的重要作用［J］．中国科学院院刊，2007，22（3）：194-207．

［88］樊杰．人地系统可持续过程、格局的前沿探索［J］．地理学报，2014，69（8）：1060-1068．

［89］樊杰．人文—经济地理学和区域发展研究基本脉络的透视［J］．地理科学进展，2011，30（4）：387-396．

［90］樊杰．我国主体功能区的科学基础［J］．地理学报，2007，62（4）：339-350．

［91］樊杰．优化中国经济地理格局的科学基础——对未来 10 年经济地理学学科建设问题的讨论［J］．经济地理，2011，31（1）：1-6.

［92］樊杰．主体功能区战略与优化国土空间开发格局［J］．中国科学院院刊，2013，28（2）：193-206.

［93］樊杰，孙威．中国人文—经济地理学科进展及展望［J］．地理科学进展，2011，30（2）：1459-1469.

［94］樊杰，王宏远，陶岸君，等．工业企业区位与城镇体系布局的空间耦合分析——洛阳市大型工业企业区位选择因素的案例剖析［J］．地理学报，2009，64（2）：131-141.

［95］樊杰，王亚飞，梁博．中国区域发展格局演变过程与调控［J］．地理学报，2019，74（12）：2437-2454.

［96］樊杰，周侃，孙威，等．人文—经济地理学在生态文明建设中的学科价值与学术创新［J］．地理科学进展，2013，32（2）：147-160.

［97］冯长春，曾赞荣，崔娜娜．2000 年以来中国区域经济差异的时空演变［J］．地理研究，2015，34（2）：234-246.

［98］冯云，王维国．教育投入差距与地区居民收入差距关系研究［J］．教育科学，2011（3）：11-16.

［99］付敏杰，张辉，龙和．中国的价格差异及其成因［J］．中国物价，2008（3）：41-44.

［100］高波，毛丰付．房价与地价关系的实证检验：1999-2002［J］．产业经济研究，2003（3）：19-24.

［101］高帆．中国居民收入差距变动的因素分解：趋势及解释［J］．经济科学，2012（3）：5-17.

［102］高鸿业．西方经济学《西方经济学》（第四版）［M］．北京：中国人民大学出版社，2007.

［103］谷彬．物价上涨对中国城乡居民消费影响的实证研究［J］．中国市场，2013（47）：22-35.

［104］桂琦寒，陈敏，陆铭，等．中国国内商品市场趋于分割还是整合：基于相对价格法的分析［J］．世界经济，2006（2）：20-30.

［105］郭斌．住房供应体系及其价格发展趋势研究［M］．西安：西安交通大学出版社，2010.

［106］郭熙保．购买力平价与我国收入水平估计——兼评克拉维斯对中国收入的估计结果［J］．管理世界，1998（4）：64-75.

［107］国家发改委社会发展研究所课题组，常兴华，李伟．我国国民收入分配格局研究［J］．经济研究参考，2012（21）：34-82.

［108］国家统计局课题组．提高城乡居民购买力水平是扩大内需的关键［J］．统计研究，2002（2）：3-9.

［109］哈勒根，张军．转轨国家的初始条件，改革速度与经济增长［J］．经济研究，1999（10）：69-75.

［110］韩学键，元野，王晓博，等．基于DEA的资源型城市竞争力评价研究［J］．中国软科学，2013（6）：127-133.

［111］何力武．转移支付、一体化与区域协调发展［D］．天津：南开大学博士学位论文，2010.

［112］何丽君．学前教育收费存在的问题及对策［J］．价格月刊，2011（12）：87-89.

［113］贺灿飞，梁进社．中国区域经济差异的时空变化：市场化、全球化与城市化［J］．管理世界，2004，20（8）：8-17.

［114］侯燕飞，陈仲常．中国"人口流动—经济增长收敛谜题"——基于新古典内生经济增长模型的分析与检验［J］．中国人口·资源与环境，2016，26（9）：11-19.

［115］胡岠．中国各地区间一价定律研究［D］．上海：复旦大学博士学位论文，2010.

［116］胡联合，胡鞍钢．我国地区间收入差距的两极化趋势［J］．社会观察，2005（6）：6-7.

［117］胡雪梅．地区购买力平价计算方法的比较与评价［J］．统计与决策，2017（20）：34-38．

［118］黄健辉．区域价格差异与地区经济差距测算［D］．广州：暨南大学博士学位论文，2010．

［119］黄晓波，文晓娟．地区购买力平价指数及其编制方法［J］．统计与决策，2013（7）：68-71．

［120］黄雪成．ICP汇总方法比较研究［D］．沈阳：东北财经大学博士学位论文，2011．

［121］江小涓，李辉．我国地区之间实际收入差距小于名义收入差距——加入地区间价格差异后的一项研究［J］．经济研究，2005，40（9）：11-18，65．

［122］江新昶．转移支付、地区发展差距与经济增长——基于面板数据的实证检验［J］．财贸经济，2007（6）：50-56．

［123］姜雅莉．蔬菜价格波动及传导研究［D］．西安：西北农林科技大学博士学位论文，2013．

［124］金相郁．空间收敛第一规律与空间收敛第二规律［J］．南开经济研究，2001（3）：46-50+80．

［125］金晓彤，闫超．我国不同区域城镇居民消费与收入收敛性的实证研究［J］．经济科学，2011（2）：5-18．

［126］况伟大．房价与地价关系研究：模型及中国数据检验［J］．财贸经济，2005（11）：58-65+107．

［127］况伟大，李涛．土地出让方式、地价与房价［J］．金融研究，2012（8）：56-69．

［128］李宁．价格波动分配效应的区域差异研究［D］．广州：暨南大学博士学位论文，2012．

［129］李实，罗楚亮．中国收入差距究竟有多大？——对修正样本结构偏差的尝试［J］．经济研究，2011（4）：68-79．

［130］李实，岳希明．中国个人收入差距的最新变化［J］．财经，2004

（4）：28-30.

［131］李实，赵人伟．中国居民收入分配再研究［J］．经济研究，1999（4）：5-19.

［132］李实，朱梦冰．中国经济转型40年中居民收入差距的变动［J］．管理世界，2018，34（12）：19-28.

［133］联合国．国民经济核算体系［M］．国家统计局国民经济核算司译．北京：中国统计出版社，1995.

［134］林毅夫，蔡昉，李周．中国的奇迹：发展战略与经济改革［M］．上海：上海三联书店，上海人民出版社，1994.

［135］林毅夫，蔡昉，李周．中国经济转型时期的地区差距分析［J］．经济研究，1998（6）：3-10.

［136］林毅夫，刘明兴．中国的经济增长收敛与收入分配［J］．世界经济，2003（8）：3-14+80.

［137］林毅夫，刘培林．中国的地区发展战略与地区收入差距［J］．经济研究，2003，38（3）：19-25.

［138］林瞻韬．我国城镇居民消费支出研究［J］．现代商业，2011（29）：60-61.

［139］刘发跃，周彬．城市间的商品价格差异及影响因素——基于市场化进程的视角［J］．西南大学学报（社会科学版），2014，40（4）：55-63+182.

［140］刘方．中国区域消费价格水平差异研究：基于面板门槛模型的分析［J］．经济经纬，2013（2）：1-6.

［141］刘强．中国经济增长的收敛性分析［J］．经济研究，2001（6）：70-77.

［142］刘瑞明．所有制结构、增长差异与地区差距：历史因素影响了增长轨迹吗［J］．经济研究，2011（S2）：16-27.

［143］刘树成，李强，薛天栋．中国地区经济发展研究［M］．北京：中国统计出版社，1994.

［144］刘夏明，魏英琪，李国平．收敛还是发散？——中国区域经济发展争论的文献综述［J］．经济研究，2004（7）：70-81.

［145］刘修岩．空间效率与区域平衡：对中国省级层面集聚效应的检验［J］．世界经济，2014，37（1）：55-80.

［146］刘修岩，李松林，秦蒙．城市空间结构与地区经济效率［J］．管理世界，2017，33（1）：36-51.

［147］刘毅．从消费角度评价居民生活水平［D］．厦门：厦门大学博士学位论文，2007.

［148］鲁凤，徐建华．基于二阶段嵌套锡尔系数分解方法的中国区域经济差异研究［J］．地理科学，2005（4）：19-25.

［149］陆大道，樊杰．区域可持续发展研究的兴起与作用［J］．中国科学院院刊，2012，27（3）：290-300+319.

［150］陆大道．经济地理学的发展及其战略咨询作用［J］．经济地理，2011，31（4）：529-535.

［151］陆大道，刘卫东．论我国区域发展与区域政策的地学基础［J］．地理科学，2000，20（6）：487-493.

［152］陆大道．中国区域发展的理论与实践［M］．北京：科学出版社，2003.

［153］陆大道．中国区域发展的新因素与新格局［J］．地理研究，2003，22（3）：261-271.

［154］陆铭，陈钊．城市化、城市倾向的经济政策与城乡收入差距［J］．经济研究，2004（6）：50-58.

［155］陆铭，陈钊，万广华．因患寡，而患不均——中国的收入差距、投资、教育和增长的相互影响［J］．经济研究，2005（12）：4-14+101.

［156］陆铭，陈钊，严冀．收益递增、发展战略与区域经济的分割［J］．经济研究，2004（1）：54-63.

［157］陆铭，李鹏飞，钟辉勇．发展与平衡的新时代——新中国70年的空

间政治经济学 [J]．管理世界，2019，35（10）：11-23.

[158] 罗守贵，高汝熹．改革开放以来中国经济发展及居民收入区域差异变动研究——三种区域基尼系数的实证及对比 [J]．管理世界，2005（11）：45-49+66.

[159] 曼昆．经济学原理 [M]．梁小民译．北京：三联书店，北京大学出版社，2001.

[160] 潘勇涛，卢建．中国城乡居民消费倾向决定因素的实证研究 [J]．统计与决策，2013（21）：115-119.

[161] 彭国华．中国地区收入差距、全要素生产率及其收敛分析 [J]．经济研究，2005（9）：19-29.

[162] 彭鑫，管卫华，陆玉麒．基于购买力平价的江苏省区域经济分异 [J]．经济地理，2015，35（1）：15-20.

[163] 彭兆祺．经济转型期我国地区收入差距研究 [D]．北京：北京交通大学博士学位论文，2009.

[164] 任红艳．中国城镇居民收入差距适度性研究 [D]．北京：首都经济贸易大学博士学位论文，2006.

[165] 任重．教育、医疗公共品供给与城乡收入差距的关系研究 [D]．天津：南开大学博士学位论文，2009.

[166] 邵同尧．中国居民收入差距的理论与实证研究 [D]．成都：西南财经大学博士学位论文，2005.

[167] 申海．中国区域经济差距的收敛性分析 [J]．数量经济技术经济研究，1999（8）：55-57.

[168] 盛来运．按照国际通行惯例住房支出计在投资不计在消费 [EB/OL]．中国政府网，http：//www.gov.cn/wszb/zhibo411/content_1727331.htm，2010-10-21.

[169] 盛来运，郑鑫，周平，李拓．我国经济发展南北差距扩大的原因分析 [J]．管理世界，2018，34（9）：16-24.

［170］史贞．中国货币政策对物价水平的影响路径研究［J］．经济问题探索，2013（12）：7-11.

［171］舒尔茨．论人力资本投资［M］．吴珠华，等译．北京：北京经济学院出版社，1990.

［172］宋金平，孙久文，李玉江，等．区域经济学［M］．北京：科学出版社，2003.

［173］孙久文，夏文清．区域差距与亟待解决的问题［J］．改革，2011（6）：48-53.

［174］孙晓华，王昀．对外贸易结构带动了产业结构升级吗？——基于半对数模型和结构效应的实证检验［J］．世界经济研究，2013（1）：15-21+87.

［175］孙志燕，侯永志．对我国区域不平衡发展的多视角观察和政策应对［J］．管理世界，2019，35（8）：1-8.

［176］覃成林．中国区域经济差异研究［M］．北京：中国经济出版社，1997.

［177］陶涛，翟振武，夏亮．中国地区间收入差距分析［J］．人口与经济，2010（5）：70-75.

［178］藤田昌久，保罗·克鲁格曼，安东尼·J. 维纳布尔斯．空间经济学——城市、区域与国际贸易［M］．梁琦译．北京：中国人民大学出版社，2011.

［179］田方芳．中国地区间价格差异现状及其影响因素分析［D］．上海：复旦大学博士学位论文，2010.

［180］田青，马健，高铁梅．我国城镇居民消费影响因素的区域差异分析［J］．管理世界，2008（7）：27-33.

［181］万广华，张藕香，伏润民．1985——2002 年中国农村地区收入不平等：趋势、起因和政策含义［J］．中国农村经济，2008（3）：4-15.

［182］汪晨，万广华，张勋．区域差异与结构变迁：中国 1978~2016［J］．管理世界，2019，35（6）：11-26

［183］汪卫霞，汪雷．我国城镇居民信息消费结构区域差异性分析［J］．情报理论与实践，2012，35（11）：104-108.

［184］王丹，孔里明．CPI权重构成的调整分析［J］．中国证券期货，2011（11）：159-160.

［185］王洪亮，徐翔．收入不平等孰甚：地区间抑或城乡间［J］．管理世界，2006（11）：41-50.

［186］王劲峰，廖一兰，刘鑫．空间数据分析教程［M］．北京：科学出版社，2010.

［187］王康，李智．我国食品类空间价格指数实证研究——基于空间CPD模型的测算［J］．价格理论与实践，2014（11）：64-66.

［188］王力．我国居民收入差距的测度及其影响因素研究［D］．沈阳：东北财经大学博士学位论文，2012.

［189］王瑞琳．基于居民感知视角的扬州古城旅游发展效应研究［D］．扬州：扬州大学博士学位论文，2013.

［190］王小华．中国收入差距的演化历程及相关研究综述［J］．西部经济管理论坛，2012（3）：1-5+10.

［191］王小鲁，樊纲．中国地区差距——20年变化趋势与影响因素［M］．北京：经济科学出版社，2004.

［192］王小鲁，樊纲．中国收入差距的走势和影响因素分析［J］．经济研究，2005（10）：24-36.

［193］王学民．我国各地区城镇居民消费性支出的分析研究［J］．财经研究，2002，28（1）：64-69.

［194］王洋，方创琳，盛长元．扬州市住宅价格的空间分异与模式演变［J］．地理学报，2013，68（8）：1082-1096.

［195］王洋，王德利，王少剑．中国城市住宅价格的空间分异格局及影响因素［J］．地理科学，2013，33（10）：1157-1165.

［196］王元凯．中国城乡价格水平差异研究——基于1995~2005年省级面

板数据［J］．统计研究，2008（5）：26-31.

［197］王振霞．我国食品价格波动原因及价格稳定机制研究［J］．财贸经济，2011（9）：113-119.

［198］王志锋，张天．中国医疗卫生服务均等化的地区比较及体制改革研究［J］．经济社会体制比较，2009（6）：68-75.

［199］魏国学，常兴．2012年城乡居民收入形势分析与2013年展望［J］．中国物价，2013（1）：23-25.

［200］魏后凯．当前区域经济研究的理论前沿［J］．开发研究，1998（1）：34-38.

［201］魏后凯．改革开放30年中国区域经济的变迁——从不平衡发展到相对均衡发展［J］．经济学动态，2008（5）：9-16.

［202］魏后凯．论我国区际收入差异的变动格局［J］．经济研究，1992（4）：61-65+55.

［203］魏后凯．外商直接投资对中国区域经济增长的影响［J］．经济研究，2002，37（4）：19-26.

［204］魏后凯．我国地区发展差距的形成、影响及其协调途径［J］．经济研究参考，1997（14）：2-13.

［205］魏后凯．现代区域经济学［M］．北京：经济管理出版社，2006.

［206］魏后凯．中国地区间居民收入差异及其分解［J］．经济研究，1996（11）：66-73.

［207］魏婕，任保平．中国城乡购买力：由失衡走向平衡［J］．财贸研究，2012（4）：17-24.

［208］吴晓．《经济学》［M］．北京：北京理工大学出版社，2016.

［209］吴秀芹．ArcGIS 9地理信息系统应用与实践［M］．北京：清华大学出版社，2007.

［210］行伟波，李善同．一价法则、地区价格差异与面板单位根检验［J］．管理科学学报，2010（4）：76-84.

［211］徐建华，鲁凤，苏方林，等．中国区域经济差异的时空尺度分析［J］．地理研究，2005，24（1）：57-68.

［212］徐建华．现代地理学中的数学方法（第2版）［M］．北京：高等教育出版社，2002.

［213］徐勇，樊杰．区域发展差距测度指标体系探讨［J］．地理科学进展，2014，33（9）：1159-1166.

［214］徐新．购买力平价理论的综述分析及其新探讨［D］．沈阳：东北师范大学博士学位论文，2006.

［215］许召元，李善同．近年来中国地区差距的变化趋势［J］．经济研究，2006（7）：106-116.

［216］许召元．区域间劳动力迁移对经济增长和地区差距的影响［D］．北京：北京大学博士学位论文，2007.

［217］薛凤珍．地区收入的差异与收入差距［J］．发展研究，2013（9）：98-103.

［218］亚当·斯密．国民财富的性质和原因的研究［M］．北京：商务印书馆，1979.

［219］闫梅，赵美风．中国物价水平地区差异及其影响因素研究［J］．现代管理科学，2018（10）：70-72.

［220］杨保军．我国区域协调发展的困境及出路［J］．城市规划，2004（10）：26-34.

［221］杨娟．完善学前教育收费机制促进社会公平［J］．中国物价，2012（11）：14-17.

［222］杨伟民．地区间收入差距的实证分析［J］．经济研究，1992（1）：70-74.

［223］杨雯．我国个人所得税及最低生活保障制度对收入差距调节效果的研究［D］．成都：西南财经大学博士学位论文，2012.

［224］姚双花．基于购买力平价理论的区际收入差距分析［D］．北京：北

京工商大学博士学位论文, 2013.

［225］姚焱. 基于房价收入比的武汉市住房购买力研究［D］. 北京：华中科技大学博士学位论文, 2008.

［226］依绍华. 旅游业的负面经济效应分析［J］. 桂林旅游高等专科学校学报, 2004 (5)：11-12.

［227］易纲, 张燕姣. 以购买力平价测算基尼系数的尝试［J］. 经济学（季刊）, 2007 (1)：91-104.

［228］余芳东. 当前全球国际比较项目（ICP）的进展及其基本方法［J］. 统计研究, 2007 (1)：59-65.

［229］余芳东. 购买力平价汇总方法及评价［J］. 统计教育, 2004 (4)：40-42.

［230］余芳东. 购买力平价用于国内生产总值国际比较的方法、局限及完善措施［J］. 统计研究, 1995 (1)：67-72.

［231］余芳东. 国外编制地区价格差异指数的方法和实践［J］. 中国统计, 2013 (8)：20-24.

［232］余芳东. CPI 权重构成的变与不变［J］. 数据, 2011 (6)：26-27.

［233］余芳东. 我国城镇居民消费价格和实际收入地区差距的比较研究［J］. 统计研究, 2006 (4)：3-7.

［234］余芳东. 中国购买力平价（PPP）数据的合理性论证［J］. 统计研究, 2013, 30 (11)：38-43.

［235］余芳东, 任若恩. 关于中国与 OECD 国家购买力平价比较研究结果及其评价［J］. 经济学（季刊）, 2005, 4 (3)：563-582.

［236］虞孟良, 李云, 宋维刚. 区域间消费差异的空间价格指数建构及应用［J］. 商业时代, 2013 (4)：128-129.

［237］袁军江. 我国城镇居民消费差异及其形成原因探析［D］. 杭州：浙江工商大学博士学位论文, 2012.

［238］袁志刚, 夏林锋, 樊潇彦. 中国城镇居民消费结构变迁及其成因分析

[J]．世界经济文汇，2009（4）：13-19.

[239] 曾光，王选华，王玲玲．我国城镇居民消费支出结构性差异研究[J]．统计与决策，2013（1）：102-105.

[240] 曾光．中国城镇居民消费支出结构研究——基于 2010 年省际截面数据的因子分析 [J]．暨南学报（哲学社会科学版），2012（9）：70-78.

[241] 张传勇．中国房价波动的收入分配效应研究 [D]．上海：华东师范大学博士学位论文，2012.

[242] 张德震，陈西庆．我国城市居民生活用水价格制定的思考 [J]．华东师范大学学报（自然科学版），2003（2）：81-85.

[243] 张红梅，李善同，许召元．改革开放以来我国区域差距的演变[J]．改革，2019（4）：78-87.

[244] 张健．1952~2007 年我国地区收入差距变化趋势——基于省际面板数据的单位根检验 [J]．特区经济，2010（6）：253-255.

[245] 张晶，冯长春．城市居民住房购买力研究——以我国 35 个大城市为例 [J]．城市发展研究，2011（10）：78-83.

[246] 张平．中国农村居民区域间收入不平等与非农就业 [J]．经济研究，1998（8）：59-66.

[247] 张小平，王迎春．转型期我国收入分配问题研究 [M]．北京：科学出版社，2009.

[248] 张旭，丁雨昕．区域城市居民消费结构差异比较分析 [J]．北方经贸，2011（10）：25-27.

[249] 张寻远，李文启．城镇居民消费区域差异的影响因素及其效应——基于中国省份面板数据的实证分析 [J]．消费经济，2011，27（6）：37-40.

[250] 赵人伟，李实．中国居民收入差距的扩大及其原因 [J]．经济研究，1997（9）：19-28.

[251] 赵兴罗．中国转型期居民收入差距调节研究 [D]．武汉：武汉大学博士学位论文，2005.

［252］赵亚明．地区收入差距：一个超边际的分析视角［J］．经济研究，2012，47（S2）：31-41+68.

［253］赵颖，王亚丽．物价指数变动的城镇居民收入超分配效应［J］．经济学家，2013（1）：48-57.

［254］赵勇，白永秀．中国城市群功能分工测度与分析［J］．中国工业经济，2012（11）：18-30.

［255］赵勇，魏后凯．政府干预、城市群空间功能分工与地区差距——兼论中国区域政策的有效性［J］．管理世界，2015，31（8）：14-29.

［256］郑建华．中国地区间的购买力平价比较研究及运用［D］．重庆：重庆工商大学博士学位论文，2012.

［257］中国科学院区域发展领域战略研究组．中国至2050年区域科技发展路线图［M］．北京：科学出版社，2009.

［258］周春喜，杨振．城镇居民家庭住房资产财富效应的研究——基于东部、中部、西部地区差异的分析［J］．价格理论与实践，2014（1）：80-81.

［259］周晟．价格与我国城镇居民食物消费水平的地区差距［D］．南京：南京农业大学博士学位论文，2007.

［260］卓建．我国地区差距的影响因素分析［D］．杭州：浙江工商大学博士学位论文，2013.

附 录

100个典型城市购买力平价指数及单项指数一览

城市	购买力平价指数	食品	蔬菜	肉禽	蛋奶	水果	水产	调味	住房	水电燃料	交通	通信	教育	文娱	医疗
北京市	1.601	0.979	0.833	0.936	1.079	0.975	1.061	0.972	5.130	1.101	1.585	1.339	1.817	0.720	0.957
天津市	1.231	0.957	0.913	0.920	1.026	0.809	1.029	0.955	2.031	1.261	1.315	1.641	1.872	0.800	1.246
石家庄市	1.013	0.948	0.720	0.894	1.057	0.860	1.098	0.987	1.078	1.128	1.187	0.874	1.006	1.040	0.825
唐山市	0.974	0.914	0.783	0.861	0.840	0.881	0.830	0.890	0.901	1.093	1.035	1.189	1.024	1.040	0.674
邢台市	0.917	0.894	0.767	0.841	0.975	0.582	0.978	0.929	0.629	1.110	0.992	0.872	0.998	1.040	0.674
太原市	1.020	0.950	0.704	0.893	1.032	0.879	1.061	1.084	1.057	1.019	1.192	0.934	1.501	0.920	0.620

续表

城市	购买力平价指数	食品	蔬菜	肉禽	蛋奶	水果	水产	调味	住房	水电燃料	交通	通信	教育	文娱	医疗
大同市	0.985	0.933	0.778	0.829	0.992	0.918	0.930	0.928	0.671	1.029	1.202	1.264	1.276	0.920	1.116
晋城市	0.950	0.926	0.696	0.905	0.975	0.763	1.048	0.984	0.783	1.033	0.992	0.908	1.157	0.920	0.901
运城市	0.911	0.915	0.752	0.872	0.956	0.724	0.940	1.004	0.587	1.192	0.920	1.035	0.868	0.920	0.717
呼和浩特市	1.050	1.039	1.105	1.008	1.077	1.113	1.182	0.987	0.921	0.935	1.171	1.063	1.584	1.040	1.043
包头市	1.005	0.986	0.962	0.891	1.078	0.947	1.185	0.971	0.829	0.862	1.000	1.038	1.662	1.040	0.951
乌海市	0.981	1.016	1.010	0.979	1.235	1.007	0.901	1.024	0.664	0.920	0.945	0.964	1.474	1.040	1.072
沈阳市	1.000	0.933	0.835	0.877	0.940	0.789	1.142	0.878	1.083	1.113	1.223	1.122	0.920	0.960	0.667
大连市	1.097	0.962	0.933	0.870	0.993	0.906	1.208	0.861	1.548	1.236	1.360	1.185	1.052	0.960	0.824
鞍山市	0.968	0.938	0.714	0.830	0.978	0.956	1.086	0.921	0.675	1.070	1.103	1.180	1.065	0.960	1.110
锦州市	0.928	0.948	0.792	0.883	0.929	0.994	1.038	0.842	0.745	0.881	0.965	0.799	0.668	0.960	1.388
铁岭市	0.951	0.952	0.770	0.913	1.015	0.845	1.223	0.908	0.699	0.877	0.968	1.127	1.145	0.960	0.966
长春市	1.006	0.958	0.921	0.858	1.037	0.938	0.939	0.919	0.959	1.274	0.856	1.000	1.120	1.000	1.112
吉林市	0.942	0.956	1.068	0.839	0.943	0.829	1.069	0.996	0.721	1.039	0.970	0.613	1.095	1.000	0.806
通化市	0.954	0.947	0.985	0.881	1.013	0.777	1.018	0.872	0.549	1.183	0.945	0.606	1.304	1.000	1.199
哈尔滨市	0.976	0.967	0.795	0.929	0.979	0.998	1.254	0.775	1.036	1.168	1.145	1.063	1.001	0.640	0.961
大庆市	0.934	0.938	0.608	0.841	0.999	1.023	0.958	1.000	0.811	0.837	1.087	0.743	0.954	1.000	0.859

续表

城市	购买力平价指数	食品	蔬菜	肉禽	蛋奶	水果	水产	调味	住房	水电燃料	交通	通信	教育	文娱	医疗
佳木斯市	0.914	0.953	0.659	0.832	1.049	1.005	1.044	1.119	0.559	1.096	0.900	0.831	0.893	0.920	1.105
牡丹江市	0.936	0.969	0.824	0.830	1.003	1.109	0.990	1.018	0.621	1.165	0.857	0.874	1.016	0.960	0.796
上海市	1.608	1.029	1.153	0.977	1.163	0.970	1.147	1.017	3.832	1.230	1.802	1.384	2.277	0.920	1.941
南京市	1.270	1.009	1.165	0.901	1.155	0.965	0.958	1.065	2.298	1.049	1.443	1.267	1.687	0.960	1.181
徐州市	1.034	0.974	1.122	0.909	0.996	0.820	1.004	1.007	0.909	1.201	1.151	1.010	1.481	0.920	1.124
苏州市	1.182	1.028	1.404	0.895	1.048	0.992	1.121	1.005	1.366	1.277	1.353	1.149	1.942	0.960	1.233
南通市	1.106	0.988	1.205	0.834	1.040	0.944	1.091	0.939	1.147	1.137	1.151	0.944	1.588	0.920	1.570
扬州市	1.084	0.991	1.119	0.849	0.940	1.077	1.079	0.965	1.081	1.224	1.109	1.051	1.704	0.960	1.155
杭州市	1.376	1.075	1.603	1.003	1.100	1.044	1.221	0.895	2.655	0.942	1.670	1.086	1.940	0.840	1.032
宁波市	1.300	1.062	1.641	0.970	1.101	0.986	1.004	1.013	1.897	1.190	1.603	1.327	1.983	0.800	1.303
绍兴市	1.186	1.040	1.469	0.956	1.135	0.943	1.056	0.942	1.473	1.096	1.163	1.169	1.776	0.800	1.825
衢州市	1.099	1.045	1.365	0.994	1.062	0.976	1.218	0.991	0.973	1.004	1.370	1.047	1.540	0.800	1.117
合肥市	1.017	0.966	1.127	0.864	1.039	0.877	0.975	0.812	0.999	1.013	1.151	1.166	1.370	0.960	0.611
淮南市	0.936	0.899	0.841	0.817	0.935	0.690	0.825	0.920	0.727	1.076	1.055	0.940	1.619	0.560	0.885
铜陵市	0.966	0.982	0.986	0.833	1.002	1.109	1.009	0.961	0.813	1.156	1.045	0.836	1.052	0.960	0.917
安庆市	0.956	0.962	1.021	0.944	1.022	0.838	0.717	1.015	0.774	1.027	0.966	0.911	1.144	0.960	0.861

续表

城市	购买力平价指数	食品	蔬菜	肉禽	蛋奶	水果	水产	调味	住房	水电燃料	交通	通信	教育	文娱	医疗
滁州市	0.950	0.954	1.077	0.869	1.072	0.803	0.777	0.942	0.671	0.972	1.064	1.072	1.111	0.960	0.922
福州市	1.191	1.027	1.368	0.896	1.076	1.054	1.059	0.906	1.885	1.175	1.425	1.069	1.759	0.720	0.780
厦门市	1.363	1.006	1.166	0.940	1.053	0.993	0.990	0.952	2.887	1.249	1.301	1.166	1.882	0.720	1.755
三明市	1.015	1.037	1.321	0.909	1.109	1.122	0.987	0.988	0.979	1.015	1.090	1.101	1.453	0.720	0.791
泉州市	1.099	0.992	1.137	0.903	1.041	0.970	0.988	0.936	1.119	1.175	1.356	1.133	1.697	0.720	1.452
南昌市	1.010	0.930	0.995	0.903	1.083	0.700	0.672	0.822	1.268	1.168	1.088	0.844	0.945	0.960	0.989
九江市	0.907	0.965	1.089	0.928	0.981	0.911	0.769	0.841	0.721	1.165	1.025	0.887	0.783	0.600	0.708
赣州市	0.964	0.962	1.091	0.940	0.970	0.888	0.792	0.799	0.847	1.099	1.038	0.700	0.755	0.960	1.276
济南市	1.084	0.944	0.732	0.871	0.973	0.971	1.081	0.865	1.316	1.177	1.175	1.015	1.500	1.000	1.117
青岛市	1.116	0.974	1.060	0.886	1.134	0.785	1.107	0.933	1.657	1.048	1.201	1.206	1.320	0.880	1.124
枣庄市	0.962	0.874	0.761	0.856	0.937	0.536	0.769	0.862	0.671	1.105	1.047	1.252	1.154	1.000	1.365
烟台市	1.054	0.932	0.882	0.834	0.909	0.923	0.987	0.792	1.052	1.183	1.135	1.245	1.609	1.040	0.871
泰安市	1.005	0.929	0.851	0.894	0.986	0.763	0.935	0.876	0.874	1.076	1.043	1.003	1.497	1.040	1.047
菏泽市	0.961	0.910	0.714	0.858	0.940	0.781	0.981	0.872	0.741	0.978	0.991	0.878	1.443	1.000	1.021
郑州市	1.000	0.991	1.105	0.945	0.996	0.965	0.963	0.933	1.223	1.017	1.162	1.084	0.944	0.720	0.688
洛阳市	0.909	0.991	1.115	0.945	1.000	0.985	0.883	0.933	0.717	1.098	0.997	0.837	0.753	0.720	0.688

续表

城市	购买力平价指数	食品	蔬菜	肉禽	蛋奶	水果	水产	调味	住房	水电燃料	交通	通信	教育	文娱	医疗
周口市	0.849	0.988	1.105	0.945	1.000	0.965	0.893	0.933	0.538	0.965	0.872	0.707	0.799	0.560	0.609
武汉市	1.057	0.994	1.018	0.974	1.082	0.990	0.939	0.872	1.208	1.096	1.043	1.233	1.362	0.960	1.009
黄石市	0.989	0.996	1.226	0.841	1.192	0.905	0.957	0.964	0.699	1.134	1.019	0.920	1.300	0.960	1.189
宜昌市	0.961	0.952	0.841	0.896	1.093	0.995	0.708	0.796	0.848	1.026	1.077	1.009	0.891	1.000	1.074
襄阳市	0.963	0.921	0.859	0.804	1.004	0.773	0.943	0.936	0.743	1.004	0.966	1.316	1.347	1.000	0.865
荆门市	0.936	0.938	0.863	0.860	0.991	0.911	0.768	0.926	0.573	1.038	1.028	0.952	1.198	1.000	1.030
长沙市	1.072	1.025	1.263	1.006	1.052	1.011	0.959	0.916	0.917	1.056	1.084	1.152	1.930	0.980	0.936
衡阳市	0.993	0.988	1.134	0.871	1.097	0.977	0.835	0.992	0.601	1.113	1.038	1.406	1.353	0.960	1.045
常德市	0.960	0.920	0.838	0.783	0.978	0.851	0.825	0.992	0.650	1.082	1.128	0.957	1.525	0.960	0.680
广州市	1.493	1.086	1.284	1.059	1.045	1.278	1.429	0.838	2.529	1.283	1.693	1.668	2.292	1.060	1.899
深圳市	1.662	1.098	1.560	1.037	1.097	1.179	1.289	0.924	3.349	1.384	1.676	1.464	2.707	1.120	2.583
汕头市	1.196	1.060	1.443	0.943	1.103	1.172	1.227	0.774	0.975	1.417	1.474	1.492	1.548	1.040	1.712
惠州市	1.131	1.050	1.326	0.976	1.108	1.129	1.097	0.899	0.802	1.372	1.458	0.897	1.597	1.040	1.586
南宁市	1.022	0.984	0.998	0.899	1.079	0.962	0.960	1.012	1.013	1.231	1.339	0.803	1.082	1.040	0.628
柳州市	1.022	1.024	1.156	0.899	1.124	1.101	1.100	0.978	0.915	1.307	1.094	0.885	0.912	1.040	1.330
北海市	0.939	0.987	1.299	0.866	1.140	0.884	0.780	0.872	0.655	1.119	1.016	0.674	0.991	1.040	0.899

续表

城市	购买力平价指数	食品	蔬菜	肉禽	蛋奶	水果	水产	调味	住房	水电燃料	交通	通信	教育	文娱	医疗
海口市	1.119	1.056	1.482	1.013	1.071	0.937	1.392	0.857	1.034	1.163	1.346	0.987	1.377	1.040	1.301
三亚市	1.360	1.076	1.554	0.971	1.075	1.177	1.114	0.939	2.855	1.240	1.432	1.245	1.166	1.040	1.058
重庆市	1.035	1.045	0.968	0.912	1.119	1.457	0.926	0.995	1.025	1.019	1.205	1.363	1.379	0.800	1.081
成都市	1.070	1.001	0.926	0.956	0.991	1.191	0.942	0.917	1.246	1.015	1.464	1.076	1.319	0.960	0.894
绵阳市	0.971	1.032	1.083	0.964	1.086	1.251	0.966	0.881	0.682	0.977	0.975	1.139	1.108	0.920	1.043
乐山市	0.982	1.020	0.958	0.948	1.120	1.152	1.070	1.008	0.783	0.940	1.004	1.202	1.188	0.920	0.948
贵阳市	1.045	1.001	1.287	1.000	1.044	0.789	0.995	0.942	0.839	1.114	1.175	1.038	1.645	1.000	1.061
遵义市	1.022	0.963	0.839	0.893	1.154	0.868	0.946	1.023	0.665	1.233	1.193	0.959	1.812	1.080	1.071
安顺市	1.003	0.988	1.030	1.010	1.080	0.831	0.960	0.977	0.699	1.310	0.964	0.889	1.338	1.080	1.158
昆明市	1.037	0.965	0.786	0.915	1.076	1.056	0.791	0.897	1.248	1.198	1.139	0.878	1.251	1.000	0.930
昭通市	0.904	0.921	0.940	0.918	1.090	0.566	0.780	0.902	0.531	1.317	1.162	0.632	0.739	1.000	0.730
曲靖市	0.967	1.007	1.097	0.986	1.055	1.014	0.887	0.969	0.544	1.406	1.143	0.990	0.983	1.000	0.830
楚雄州	0.936	0.975	1.012	0.895	1.092	0.907	0.974	0.923	0.638	1.377	0.875	0.943	0.870	1.000	0.961
拉萨市	1.067	1.137	1.590	1.151	1.201	1.256	1.273	0.902	0.771	0.901	1.298	1.206	0.940	1.080	1.346
西安市	1.000	1.000	1.000	1.000	1.000	1.000	1.000	1.000	1.000	1.000	1.000	1.000	1.000	1.000	1.000
渭南市	0.915	0.951	0.675	0.882	0.986	1.052	0.987	0.931	0.559	1.054	1.013	0.905	1.095	0.800	0.880

续表

城市	购买力平价指数	食品	蔬菜	肉禽	蛋奶	水果	水产	调味	住房	水电燃料	交通	通信	教育	文娱	医疗
汉中市	0.933	1.009	0.970	0.987	1.080	1.126	0.991	0.834	0.629	0.862	0.915	0.762	1.096	1.000	0.770
延安市	0.968	0.958	0.874	0.879	0.929	0.964	1.034	0.992	0.699	0.988	0.918	0.884	1.004	1.200	1.110
兰州市	1.046	1.043	0.905	0.956	1.275	1.245	1.009	1.069	1.174	0.917	1.270	1.049	1.139	1.000	0.934
酒泉市	0.931	0.979	0.733	0.894	1.065	1.010	1.108	1.199	0.715	0.873	0.925	0.861	1.025	0.960	0.958
平凉市	0.919	0.972	0.867	0.936	1.058	0.897	1.090	0.957	0.671	0.892	0.822	0.834	1.001	0.880	1.170
西宁市	0.942	1.018	1.024	0.903	1.043	1.214	1.168	0.890	0.794	0.817	0.991	0.793	0.634	1.000	1.082
格尔木市	0.917	1.022	1.050	0.905	1.041	1.214	1.179	0.909	0.559	0.775	1.013	0.963	0.461	1.000	1.299
银川市	0.967	0.937	0.654	0.860	1.006	0.990	0.826	1.014	0.759	0.850	1.068	0.955	1.095	1.024	1.245
石嘴山市	0.906	0.927	0.537	0.886	0.935	1.007	0.781	1.081	0.601	0.843	0.940	0.780	0.921	0.960	1.083
吴忠市	0.867	0.912	0.577	0.827	1.046	0.842	0.820	1.064	0.462	0.820	0.935	0.808	0.800	0.960	0.842
乌鲁木齐市	1.031	0.970	0.798	0.846	1.059	1.135	0.921	0.930	1.018	0.779	1.180	0.978	1.817	1.000	0.989
哈密地区（现为哈密市）	0.906	0.953	0.735	0.918	0.995	1.039	0.903	0.828	0.559	0.947	0.949	0.830	1.013	0.960	0.674
巴音郭楞自治州	0.914	0.973	1.267	0.860	0.963	0.840	1.010	0.902	0.573	0.826	0.930	1.041	0.932	0.960	0.888
伊犁州	0.910	0.899	0.813	0.788	0.930	0.611	1.151	0.985	0.699	0.772	1.057	0.938	1.024	0.960	0.965